读懂经典 丛书（第二辑） 主编：方立平

国慧人文书系

黑格尔

哲学全书·第二部分

《自然哲学》浅识

曹　音 著

上海三联书店

图书在版编目（CIP）数据

黑格尔《自然哲学》浅识 / 曹音著． 一上海：
上海三联书店，2022.7 重印
（读懂经典丛书 / 方立平主编）
ISBN 978-7-5426-7628-3

Ⅰ.① 黑… Ⅱ.① 曹… Ⅲ.① 黑格尔（Hegel, Georg
Wehelm 1770–1831）—哲学思想—研究 Ⅳ.① B516.35

中国版本图书馆 CIP 数据核字（2021）第 242555 号

黑格尔《自然哲学》浅识

著　者 / 曹　音
读懂经典丛书（第二辑）主编 / 方立平

责任编辑 / 方　舟
审　　读 / 周大成
装帧设计 / 方　舟
监　　制 / 姚　军
责任校对 / 张大伟　王凌霄
校　　对 / 莲　子
策划统筹 / 7312 · 舟父图书传媒工作室

出版发行 / 上海三联书店
　　　　　（200030）中国上海市漕溪北路 331 号 A 座 6 楼
邮　　箱 / sdxsanlian@sina.com
邮购电话 / 021-22895540
印　　刷 / 上海惠敦印务科技有限公司

版　　次 / 2022 年 1 月第 1 版
印　　次 / 2022 年 7 月第 2 次印刷
开　　本 / 710mm×1000mm　1/16
字　　数 / 120 千字
印　　张 / 9.5
书　　号 / ISBN 978-7-5426-7628-3/B · 761
定　　价 / 48 .00 元

敬启读者，如发现本书有印装质量问题，请与印刷厂联系 021-63779028

"读懂经典"丛书总序

我们相信,每位开始阅读眼下这套典籍的朋友必然会有如下期待:通过"读懂"一部部经典,能浴身于古往今来东西方文明长河中的人类不灭的智慧之光。为此,我们郑重地承诺,将百倍努力,上下求索,像推介曹音先生"经文释疑"这一开卷之篇一样,会将更多的文翰精粹、圣贤述作推荐于诸位面前。人生在世,经典是必须读的,因为经典是文明的沉淀、历史的结晶,是文化的"舍利子",会像雅典娜透射出奥林匹斯的神采,会像孔夫子、柏拉图的头颅散发出不灭的思想火焰,会像青铜器上的饕餮纹或帕台农神庙叙述着先祖们的生生不息的传奇。经典又是必须"读懂"的,为此,必须有更多的学者来帮助进行"释疑""考疑"和"驱玄""去芜"的解读工作,使每一部真正的经典经过解疑解惑如日之光、月之华一般穿越时空、照彻心灵,并辉映生命旅途。确实,由圣者哲人的智慧之光陪伴,这将是一件何其快哉的事啊!我们会由此而变得比他人更聪慧、更智谋、更高尚,因而也更具力量。

方立平

作 者 前 言

　　黑格尔的《哲学全书》分为：逻辑学、自然哲学、精神哲学三部分。《逻辑学》阐述范畴纯概念及其规律和运动，我们可以把逻辑学看作组成绝对精神的框架结构；自然界是绝对精神的外化，《自然哲学》阐述逻辑纯概念的外在化，即自然界的规律；人的精神也是绝对精神的外化，同时也是人对绝对精神的认知，《精神哲学》阐述人的精神如何从主观精神上升到客观精神，最后达到绝对精神。所以，《自然哲学》和《精神哲学》都可以看作是一种应用哲学。《精神现象学》被哲学界认为是《哲学全书》的导言，它分析了人的意识如何从最初的"感性确定性"，经过各种意识形态一步步发展到哲学的概念认知，达到了这种认知，精神就发展到它的最高形态，即具备了认知绝对精神的资格。因此可以说，由《精神现象学》《逻辑学》《自然哲学》《精神哲学》四部著作构成了黑格尔完整的哲学体系。

　　自然哲学分为三部分：力学、物理学、有机物理学。

　　力学部分首先考察了抽象的空间和时间；其次考察了物质和运动，即物质与空间时间的关系，物质与物质的关系，这是有限力学；最后考察了自由运动的物质，这是绝对力学。

　　物理学部分考察了物体的内在形式，这种形式通过物体的外在形态得到映现。到物理学阶段，物质有了个体统一性，聚合为物体，物体有自己的形式和规定性，摆脱了引力中心的吸回，因而在空间中有了自己的位置。物理学部分首先考察了物体的普遍个体性，即物体的直接的、自由的、物理的质；其次考察了物体的特殊的个体性，即物体形式与重力的关系，以及这种形式对重力的规定；最后考察了整体的、自由的个体性。

第三部分是有机物理学，有机体是自在又自为的生命体。在有机物理学部分，黑格尔秉承了亚里士多德的三分法，把有机物理学分为三个领域：地质自然界，植物有机体，动物有机体。地质自然界也就是矿物界，矿物虽然现在只是有机物的尸骸，但它们曾经是有机物，所以黑格尔把地质自然界放入有机物理学中进行考察。

笔者认为，欲全面了解黑格尔的哲学思想，必须阅读他的《精神现象学》、《逻辑学》、《自然哲学》、《精神哲学》，只有阅读完这四部书，你才能理解为什么黑格尔哲学是西方哲学史上一个很难逾越的理性主义高峰。

我的这本书既然是《浅识》，就是个人浅显的认识，它可能对理解黑格尔的《自然哲学》有所帮助，那是我的荣幸。由于本人学识和外语水平有限，本《浅识》难免有错误不当之处，恳请读者原谅与指出。

本书的出版得到贵州大学教育发展基金会的赞助，本书的写作也得到贵州大学中外比较哲学研究所同仁的鼎力相助，在此特表示衷心的感谢。

曹音　2021 年 7 月

于贵州大学中外比较哲学研究所

目　录

哲学全书·第二部分
自 然 哲 学

导　论

一、考察自然界的方法

自然界是什么？这个问题也就是我们人类应该怎样来看待自然界。人类是认识主体，自然界是人类的认识对象。首先，黑格尔认为必须把自然界看作是有其内在目的。人们通常以外在目的看待自然界，把自然界看作是为人类所利用的，这种实践的态度导致我们只关注自然界中个别能达到我们目的的东西，其结果是满足了我们的利己欲望，而忽略了自然界的本质。目的作为内在于自然界的概念，是自然界的规定性。早在古希腊时代，亚里士多德就已经认识到自然界的内在目的，把它称之为自然界的本质。其次，我们要认识到自然界中的普遍东西，也就是认识到力、规律和类概念。对自然界的考察，首先从感性观察开始，但不能仅仅停留在感性观察，必须从中发现自然界的普遍性，这就是概念认识。概念固然是我们的思想，同时也是自然界固有的内在本质，达到概念认识，也就达到了思维与存在的统一。因此，考察自然界的方法，必须以内在目的和普遍性为宗旨，这也就是概念认识。

二、自然界的概念

上帝是绝对理念。宗教对上帝是表象认识，为了让普通民众能认识上帝，宗教只能把上帝描绘成一个全知全能全善的白胡子老头，他创造了宇宙，并掌控着宇宙的运行。哲学对上帝是概念认识,上帝就是宇宙最大的客观运行规律,这个规律是一种精神性的东西,因而上帝就是绝对理念。绝对理念包含两方面,一方面是精神性的概念,一方面是概念的它在,即概念的外化,这个外化的东西就是自然界。既然自然界是绝对理念也就是宇宙客观运行规律的外化,它就是现实存在,就会显现出它的规定性,我们通过这些规定性,就能认知自然界,进而认知宇宙的规律,也就认知了上帝这个绝对理念。

关于自然界的发展过程有两种学说,即进化论与流射论。进化论认为自然界是从不完善到完善的过程,首先出现水生植物,然后进化到水生动物,再进化到陆生动物,最后是人。流射论主要是东方国家固有的,他们认为自然界是从完善到不完善的过程,最初是上帝,上帝创造了完善的动物,完善的动物又创造了不完善的动物,一直向下,直至创造出最低端的东西。这两种观点都是片面的。自然界是一个由各个阶段组成的完整体系,从一个阶段发展到另一个阶段是必然的,但我们切不可以为是前一阶段产生出后一阶段,每个阶段都是理念产生的。每个阶段显现的形态,是由内在概念决定的,概念既是内在的东西,也会以外在实存显现出自己,概念是有生命的东西。

自然界作为概念的外化,自然界中的物体是互不相关地独立存在,它们没有自己的自由,表现出既是必然性又是偶然性,这是物体的一个内在矛盾。一方面概念作为必然性要支配物体,一方面物体由彼此外在的物质构成,这些物质各有各的规定性,它们受这些规定性的支配,这就是自然界无能的表现。但是自然界是一个活的整体,绝对理念既然把自己设定为概念,又让概念外化出自然界这个实存,它就能让实存回归概念,以便作为有生命的东西存在。这个有生命的东西就是精神,精神是自然界的真理和终极目的,是绝对理念真正的实现。概念作为主观性有一种聚合性,它能迫使自然界符合自己,达到概念与自然界的统一。

三、自然哲学的划分

自然哲学分为三部分:第一部分是力学,是一种观念性的、自在存在的统一性;第二部分是物理学,是物体的内在形式,这种形式通过外在形态得到映现;第三部分是有机物理学,有机体是自在又自为的生命体。

第一篇　力　学

§ 253

力学要考察的:第一是抽象的空间和时间;第二是物质和运动,即物质与空间时间的关系,物质与物质的关系,这是有限力学;第三是自由运动的物质,这是绝对力学。

附释:绝对理念外化为两种抽象形式:肯定的形式是空间,因为空间是持存的;否定的形式是时间,因为时间是流逝的。绝对理念最初外化的具体东西是物质,物质存在于空间和时间中,与空间和时间是外在的相关联,因为时空是外在于物质的。如果这种关联不是外在的,那就是物质与运动的绝对统一,即物质自身内的运动。

第一篇 力学

第一章　空间和时间

一、空间

§254

绝对理念最初的外化是抽象的空间。空间是观念性的东西,各个被分隔的空间看似互相并列、互相外在,其实它们是无区别的,空间是个完全连续的整体。

说明: 康德把空间定义为人主观的"感性直观形式",撇开康德理论中主观成分不谈,至少他把空间看作是一种单纯的"形式",即一种直接外在于物质的抽象东西,这是正确的。通常人们认为空间可以分隔为一个个空间点,这是不能接受的,空间点与空间点没有区别,它们不是互相外在的,空间是绝对连续的,所谓的空间点只是人为设定的东西,空间可被无限分隔,恰好说明空间是无限的。一般而言,空间不是"质",而是纯粹的"量",绝对理念的外化,是从"量"开始的,空间就是绝对理念的它在。

附释: 空间被分隔成一个个空间点,这个空间点就是"此处",空间可被人为地分隔成无数的"此处",这是空间的间断性。但这个"此处"与那个"此处"完全相同,众多的"此处"之间没有真正的界限的,界限只是人为设定的东西,空间依然是个整体,这是空间的连续性。间断性和连续性这两个环节的统一就是空间的概念。

空间究竟是独立的实体,还是只是物质的属性,这在过去是形而上学的一个首要问题。如果说空间是某种独立的实体,独立的实体是不能容纳他物进入它之中的。但空间却是柔软的,能容纳任何它物进入它之中,所有的物质都存在于空间中,服从空间对它们的外在包裹,空间绝不与任何物质分离。因此空间既不是独立的实体,也不是物质的属性。莱布尼茨说空间是事物的秩序,的确任何事物都在空间中有序地排列着。

§ 255

空间作为概念,自身具有区别,这就是空间在“量”上的三个维度“长宽高”,但这只是三个维度的名称,它们没有任何“质”的差异性规定。

说明:空间恰好有三个维度,这种必然性不能由几何学推演出来,只能以概念为根据由哲学来推演。“长宽高”三个维度只是被设定的差别,其实它们没差别,你可把一个方向称为长,也可把它称为宽或高。通常我们所谓的“高”这个维度,只是以地球为中心起点向上延伸的一维,但在宇宙空间中,地球并不是真正的中心起点。

§ 256

这一小节分析“点线面”以及它们的产生。

“长宽高”三个维度固然没有质的差别,但构成这三个维度的是“点线面”,“点线面”是有质的差别的。空间中最初的肯定的东西是点,点是空间最初的规定性,空间就是由无数的点构成的一个总体。因为空间是连续性,所以点与其他的点连接,过渡到线。因为空间是三维立体的,所以线必然过渡到面。

说明:知性思维只是以外在的方式理解“点线面”,说线产生于点,面产生于线,但它无法解释空间中为何会产生点。黑格尔认为,既然空间是绝对理念的外化,空间概念本身就包含"长宽高"三个维度,于是概念必然在抽象的空间中首先建立点,点与点必然要连接,这就过渡到线,由于空间是三维的,线必然要过渡到面。任何事物的产生都是概念的必然性,以知性的几何学方式,是无法想象这种过渡的必然性的。

康德认为"两点之间直线最短"这个定义是综合命题而非分析命题,因为"直"是质的概念,"短"是量的概念,从质不可能分析出量。但黑格尔认为这个定义是分析命题,因为"直线"就是向某个方向划线,而划线就是"量",所以这个命题还是从量中分析出来的。黑格尔在这里要说明的是,三个维度只是三根线,线只是"量",没有质的差别。

附释: 只有直线才是最初对空间的规定性,三个维度就是三根直线。几何学是知性思维,它的任务只是在某些设定的规定性之上,推演出几何学的规则,因此几何学不能证明这些设定的规定性的必然性,哲学的使命就是证明这些设定的规定性的必然性。

二、时间

§257

每个空间点都是自为存在,都有自己的规定性,空间点与空间点各有差异,它们是有差异地彼此并列着,差异性地彼此并列必然导致先后相继,先后相继就是时间,这就从空间过渡到时间。时间也是绝对理念的外化。

附释: 空间是直接的、特定的量,各个空间点在整体空间中持存着。空间就是个矛盾,它既是个整体,又被分隔成各自持存的空间点,不过这毕竟是空间内在的矛盾,空间还是一个整体。

空间既然被分隔成各自持存的空间点,空间就产生了差异,差异就意味着先后相继,先后相继就是时间。空间的真理性是时间,因为只要有两个空间点,就必然产生时间,空间就是这样过渡到时间的。常人以为空间与时间完全分离,这是错误的。

§ 258

时间也是抽象的观念性的东西,时间是被直观到的变易,时间中的差别是外在的,不是时间自身的差别,比如今天和昨天的差别,那是人意识中的差别,是人外加给时间的差别。

说明:康德把时间也定义为人主观的"感性直观形式",这就是说,时间是主观的。但黑格尔认为,时间不分主观和客观,时间外在于主体,这可被看作客观,但我们又能直观到时间在自身中的变易,这又被看作主观,因此时间是自我意识,是主客观的同一。时间像空间一样,也是连续性的,时间自身并没实在的区分,今天和昨天这种区分不是时间自身的,而是人外加给时间的。

按知性思维,一切事物在时间中产生和消亡,如果抽去一切事物,剩下的是一个纯粹的时间,这个时间是独立存在的。但是,一切事物并不是在时间中产生和消亡,时间本身就是这种产生和消亡,因为时间是变易。时间存在于一切事物之外,但一切事物又与时间同一,一切事物都是有限事物,有限事物就有时间性,这是有限事物的矛盾。概念是永恒的,它们不受时间的支配;有限事物都有时间性,所以不是永恒的,它们必须服从时间的支配。因此不是时间支配概念,而是概念支配时间。

附释:时间并不像牛顿所说的是一个容器,犹如流逝的江河,把一切事物裹挟其中席卷而去。事物之所以存在于时间中,因为它们是有限的,事物之所以消亡,因为它们本身就是时间性的东西,所以正是事物本身的历程构成了时间。牛顿认为时间是流逝的,事物是持存的,这是一种肤浅的看法,按照这种看法,事物就是静止的、无变化的。事实上事物都是时间性的,都是流变不居的,事物的持存只是相对的。

永恒性与持存性是不同的。永恒不是过去存在,也不是将来存在,而是永远的当下存在;持存只是在时间中的相对存在。时间是概念的外化,精神、理念、概念它们不在时间中,所以它们自在自为地是永恒的。个体性的事物则不然,诸如太阳、地球、山河等,它们存在于时间中,是时间过程中的一个环节,因而注定要消亡。

§ 259

过去、现在、将来这三个时间的维度,是时间本身的变易,是变易分化出来的区别:过去就是曾经的现在,现在是存在即"有",所以过去就是"无"向"有"的过渡;将来是尚未存在的现在,将来是非存在即"无",所以将来就是"有"向"无"的过渡。这样,这些区别就消融为一个东西,这个东西就是"此刻"的现在,现在排斥过去和将来,同时又完全与过去和将来相关联,并且现在自身也是要消逝的。

说明:现在是被固定为"有"的此刻,因而是肯定的东西,它不同于否定的过去和将来。但现在也是要消逝的,因为现在是不能持存的。在自然界中,时间只有当下的现在,过去和将来两个维度只存在于主观的表象、记忆、恐惧、希望中。时间的过去和将来,当它们成为自然界中的"有"时,就是空间,因为你必须在空间中表象出它们不同的位置;反之,既然是空间中的不同位置,就是先后相继,这样空间就自为地过渡到时间。

几何学是研究空间的,但没有一门专门研究时间的科学。

空间与空间的区别可以用图形来表示,即分隔为一个个空间点,但时间没法用图形表示区别,知性把时间规定为一个个单位,比如小时、天等,这已经表示了时间的区别。

有人提出一种哲学数学的观念,主张用概念来认识数学推演出来的结果,毕达哥拉斯就是这方面典型的例子。数学是研究数量规定的科学,这些规定在有限范围内是固定的和有效的,并且数学还保持了它的纯粹性和抽象性。但要用几何图形或数学符号来表达思维,这是画蛇添足徒劳无益的。概念的内容是丰富的,几何学和数学只是外在的组合,用它们不可能明确地表达出概念的本质,概念只能用说明来表达,思维的根本表达方式就是说明,而几何图形和数字符号对概念则是多余的东西。其他的数学范畴,比如无限及其关系、无限小、因子、幂等,想借用它们来解释哲学,也是不适合的,倒不如说,这些范畴还要靠哲学来证明它们的必然性。

附释:时间概念是变易,时间的三个维度过去、现在、将来直接设定了时间概念的实在性。过去和将来两个环节本身都是"有"与"无"的统一,但它们又是有差别的,这种差别就是产生与消亡。过去确实存在过,它以"有"为开端,但这个"有"中包含了"无"的规定性,因为过去的"有"消亡了。将来尚未存在即"无",但这个"无"中包含着"有",它会产生"有"。过去和将来的中项是现在,现在之所以存在,仅仅由于过去已不存在,就是说,现在中有"无"的规定性,这种"无"的规定性也决定了现在要过渡到将来,即现在也会成为"无",所以现在就是"有"与"无"的统一。被现在所替代的是过去,将要产生的现在就是将来。因此,从时间的肯定意义来说,只有现在存在,过去和将来都不存在,但现在是过去的结果,并孕育着将来,所以真正的现在是永恒的。

此外,数学也可用于对空间和时间的哲学思考,不过如果用哲学来处理空间和时间,几何学与数学的独特意义就会消失,关于空间和时间的哲学思考,就会纳入逻辑学的范围。

三、位置和运动

§ 260

空间是连续性和间断性之间的矛盾,空间被分隔成一个个彼此并列的空间点,彼此并列就有先后相继,所以空间就过渡到时间。同样,时间被分割成过去、现在和将来,过去、现在、将来三者是先后相继的连续性,这就形成一帧帧的图像,于是时间就过渡到空间中。这就是空间与时间的统一。这样,空间点就是被设定的、有规定性的具体的点,这种具体的点就是位置。

附释:前面我们分析过持存性,空间与时间的统一,就是持存的根据。空间点是"此处",这个此处必须是时间中的持存,因此也是"此刻",这种此处(特定空间)与此刻(特定时间)的统一便是位置。

§ 261

位置被设定为空间与时间的统一,但位置自身也是个矛盾。位置是空间中的个别的点,但位置也在时间中,因此前一秒的位置消亡了,当下这一秒的位置再生了,但立刻它也要消亡,被后一秒的位置所替代。位置的消亡和再生就是过程,过程就是运动。这种变易本身就是矛盾,位置是固定的,运动是位移的,因此位置与运动的直接统一,就是物质。这并不是说位置与运动的统一产生了物质,根据黑格尔的哲学思想,物质是由概念产生的,物质是概念的外化,这只是说物质必定占据一个位置,而运动必定是物质的运动。

说明：从观念性到实在性，从抽象到具体，从空间与时间的统一到实在性物质的过渡，知性是不可理解的。知性认为空间与时间中空无一物，需要从外面用物质加以充实，这样物质一方面被看作与时空不相干的，一方面又被看作是在时空中的。

关于物质有两种界说：1.物质是组合的，物质是从时间中抽象出来的，因而是永恒不变的。2.物质是不可入的，是能被感觉到的东西。这两种界说无非指出了物质是空间与时间的统一性。

从观念性过渡到实在性，这在机械现象中也有表现，即观念性和实在性可以互相替代，如果不能理解这种替代，就是知性的无思想性。比如，在杠杆作用中，距离可以替代质量；在运动中，速度可以替代质量，砖头本身并不能砸死人，由于加速度的帮助才砸死人，所以人其实是被空间和时间砸死的。而知性思维分离了力与力的表现，故阻碍了知性进一步去探究力的各个范畴的关系。力与力的表现其实是一种力，是通过空间与时间的关系达到的。其次，知性把力视为外在于物质的，是从外面转移到物质中的，它把真正构成物质本质的空间与时间的统一性，设定为与物质异在的偶然的东西，这是知性的欠缺。

附释：芝诺的"飞矢不动"说认为，任何物体都要占据一定的空间位置，离开自己的空间位置就意味着失去它的存在，飞矢通过一段路程的时间被分割为无数瞬间，在每一瞬间，飞矢都占据着一个与自己同等大小的空间位置，由于飞矢必须始终在自己的空间位置中，因而它是静止不动的。对此黑格尔认为，某物在空间中占据着一个位置，由于时间的因素，它同时也改变着它的位置，也就是说，前一秒的位置消亡了，当下这一秒的位置再生了，当下的位置替代了消亡的位置，实际上某物一如既往地占据着它的位置，没有离开它的位置，前后两个位置是等同的，只是

第
一
篇

力
学

在两个不同的时间中。芝诺的这番证明恰恰说出了位置固有的辩证法，即无限的概念，过去的位置曾经是"此处"，现在的位置是当下的"此处"，将来的位置是将要占据的"此处"，其实只有一个位置即"此处"，过去、现在、将来三个位置包含了一个共同的东西，这个东西是变化中之不变，即消逝过程中的持存，这个持存就是运动。运动的本质就是空间与时间的直接统一，运动是空间中实存的时间，也可以说，是通过时间被分隔的空间。因此我们认识到，空间与时间从属于运动。

　　运动是自我是主体，运动是消逝过程中的持存。直线运动不是自在自为的运动，是 A 推动 B，B 又推动 C 的运动，因此必须有第一推动力。真正自在自为的运动是圆圈式的运动，在这种运动中，某物在空间中不断扬弃自己的位置，老位置消亡，新位置再生，某物始终处于一个位置，当然这完全是因为时间的因素；然而时间的维度也是被扬弃的，过去被现在扬弃，现在也要被将来扬弃，始终只有当下的现在，能持存的唯有当下现在。于是我们得到了这样的观念：既然有运动，那就是物质在运动，这种持存的东西就是物质。空间与时间中充满了物质，空间并非空无一物，空间概念在物质中得到了现实存在。

　　人们往往认为先有物质，把空间与时间视为物质的形式；但在我们看来，先有空间与时间，然后才有物质。物质是空间中最初的自为存在，同时物质具有排他性，在空间中最初建立了与他物的界限，这样物质又是为他存在，物质的这种既是自为存在又是为他存在，都是在空间与时间的统一中达到的。

第二章 物质和运动 有限力学

§ 262

每个物质有其自身的规定性,因而物质与物质处于彼此分开的状态,这是物质的排斥;但物质与物质又是完全同一的,因此物质趋向于统一,这是物质的吸引。物质是个别的,但这种个别性还不是物质真正的个别性,物质真正的个别性是概念的个别性,这就是物质的重力。

说明:康德在他的《自然科学的形而上学基础》一书中,建立了物质概念,即斥力和引力,他认为物质是从这两种力产生出来的,这两种力是彼此对立的和固定不变的。在黑格尔的逻辑学里,他批判了康德的这种思想,认为物质是由概念产生的,物质才是斥力和引力借以表现的前提。

重力和引力不可混淆,单纯的引力是让彼此外在的存在产生出连续性,重力则是把既彼此外在又具有连续性的存在还原为统一性,比如黑洞吞噬星球就是这种统一性。因此物质具有重量,这不是物质外在的属性,物质力求回归自身之外的引力中心,或者说物质受引力中心的吸引,这种回归引力中心的趋向,就是重力,这才是物质的本质。可以说,重力是物质自为存在中的虚无性或无独立性,是物质自身内的矛盾。物质的引力中心在哪里,这是由物质的质量决定的,当物质具有质量时,它的回归引力中心的趋向也就被设定了。

附释:物质与物质在空间上是分离的,这是排斥,通过排斥,物质成为单一体,但每个物质都是单一体,单一体与单一体是同一的,这种同一就扬弃了分离,这就是吸引。吸引与排斥结合到一起,作为重力,构成物质的概念。物质要回归到引力中心与引力中心融为一体,这是引力在起作用,但既然它现在尚未回归,这就是斥力在起作用。物质既有回归的趋向,又尚未回归,因此物质就是具引力和斥力于一身的东西,这就是物质的概念。

所以我们现在必须考察有限力学,有限力学有三个规定:惯性物质,碰撞,落体。有限力学中的物质还不符合它的概念,落体构成有限力学向绝对力学的过渡,在绝对力学中,物质的现实存在才符合它的概念。

一、惯性物质

§263

物质作为充满空间的普遍东西,最初只有量的区分,特殊化以后才有质的不同,这些不同的质量,作为单一体来说就是物体。物体存在于时空中,本质上虽说是空间性的和时间性的,然而物体的内容与时空不同。

附释:物质充满空间,这意味着它是空间中的一个实存,实存就具有自为的排他性。自为存在的物质构成物体,物体是复多,复多就有区分,因此物体是互相排斥的。

§264

如果单从空间来说,物体是持存的,单从时间来说,物体又是暂时的,物体是偶然的单一体。物体虽然把时空结合为统一即运动,但运动对于物体来说是外在的,物体的运动只是惯性运动。

说明：牛顿力学认为，物体只能由于外因而被置于一种运动或静止状态。这种力学观不符合物体的概念，没有把运动建立为物体的内因。这种力学观对地上物体可能有效，但在绝对力学里，物体的概念中就包含着运动。

附释：牛顿力学认为，物体的质量自身既不运动也不静止，而是通过外在的推动，由一个状态进入另一个状态，就是说，运动和静止是他物进入到质量的内部。按照这种观点，质量静止时绝对静止，并不自动地过渡到运动，如果在运动，就一直运动也不自动地过渡到静止，总之，物体是惯性的。知性的这种观点，把感性的现实性视为实在的东西，把物体的概念与它的实在性对立起来。

在自然界中，物质是有限的，但它也是自由的。这就如同有道德的人在遵守法律方面是自由的，法律对于不讲道德的人才是外在的约束。知性思维只看到有限性，看不到物质的自由即自因，这是知性思维的缺陷。

二、碰撞

§265

惯性物体如果受到外部的推动，就会暂时与另一物体构成一个统一体，这就是两个物体构成的运动，即运动的传递。但每个物体都是单一体，都有自己质量上的规定性，它们是互相抵抗的，两个物体合为一个物体后，它的质量就有了新的规定性，构成了新的重量。重量在量上显现为重力，在外延上显现为两部分的集合，在内涵方面显现为压力（小逻辑§103说，内涵的量是物体的压力，压力的量表示物体的轻重程度）。物体的重量与速度共同构成运动量，重量与速度能够彼此替换。

附释:物体发生碰撞的推力来自外部,所以物体是被置于运动中的,两个物体发生接触是偶然的,并非物体自身必然的运动。现在我们来看看,两个物体碰撞后会发生什么情况:

两个物体的碰撞形成一个统一体,它们的质量相互挤压,形成物质的融合,也就是说,形成了现实存在的物质的连续性。不过这个统一体在时间中是不断变化的,它所占据的位置也不是固定不变的。

由于两个物体的质量不同,它们互相排斥,碰撞并未形成统一体,而是再度分开,这是物体的弹性,是碰撞的另一种情况。一个物体靠作用力碰撞另一个物体,另一物体产生反作用力抵抗,反作用力靠作用力产生,这证明力是物体内在的东西。碰撞的力和抵抗的力,或者说作用力和反作用力,全靠物体自身的重力。这种重力不是由物体概念所决定的绝对重力,而是相对重力,因为它的重力来自引力中心对它的引力。

物体的另一环节,是物体自身水平方向的运动即速度,水平方向运动的速度要摆脱引力中心的引力。所以物体的运动由两个环节构成,一个是质量,一个是速度,速度与质量可以互相替代。比如质量是6,速度是4,则力是24,如果把质量换成8,速度是3,力也是24。引力与碰撞是外在机械运动的两个原因。

§ 266

物体之所以有重量,因为有一个重力中心,不过这个重力中心不在物体自身,而是物体之外的引力中心,这个中心是众多物体共同的引力中心。这个引力中心吸引物体趋向它,在趋向引力中心的过程中,物体与物体发生碰撞和抵抗,这种趋向引力中心的运动就是落体运动,当物体到达引力中心,落体运动就转变为静止。落体运动和转变为静止的运动,是物体的本质运动。

说明：知性力学关于物体的基本定律是：静止的物体永远静止，运动的物体永远运动，这无非是按照同一律来表述运动和静止，这种论断没有考虑物体的重力即引力对物体的影响。落体是物体的纵向运动，抛物是与之相反的横向运动，但这种运动的离心力并非是一种独立的力，其中就有重力即引力在起作用，所以抛物最终会落地。牛顿认为如果给一个铅球适当的速度，它可以进入太空，并继续飞行，直到无限远。甚至有人认为，如果能消除摩擦，永动机可以永远运动，钟摆可以永远摆动。但即便消除了摩擦，你也无法消除物体的重力，在引力的作用下，物体总归是要静止下来的。

　　附释：物体存在于空间，物体的运动就是自己设定自己的规定性的运动。每个物体都有质量，都谋求把自己的质量与其他质量凝聚成一个点，质量与质量的凝聚就构成了一个重力中心，这个重力中心也就是一个引力中心，它是众多物体共同的引力中心，它吸引物体趋向于自己。这样，原来物体的惯性运动的偶然性，就转变为引力运动的必然性，物体的运动都是引力在起作用。

　　有人曾设想，如果没有空气的阻力，炮弹就会朝着水平方向飞，而不会落地；如果没有空气的阻力，钟摆就会不停地摆动；这是忽略了重力也就是引力的作用。抛物的力和引力是始终在一起的，抛物的力只是特定的力，而引力是普遍的力，在抛物运动中，物体从特定的力出发，而后回复到普遍的力，成为落体运动。这种回复就是运动与重力即引力的统一。

三、落体

§267

　　落体运动一方面是自由的，因为物体的概念决定了物体有重力,它必定要坠落;另一方面落体运动又是受制约的,它被引力中心吸引而坠落。因此物体回归引力中心的运动是一种被设定的、偶然的规定性。

说明:运动定律与时间和空间的量有关,这是知性不朽的发现。但知性不满足于经验的发现,还要推导到超验的证明。这种超验的证明就是通过数学,推论出落体运动不仅包含匀加速,还包含一种惯性的力,也就是说,落体运动是由两种力推动的。这种推论完全没有经验的证明,也扼杀了物体概念的规定性。其实物体的概念决定了物体具有重力,带给物体重力的是引力中心,所以物体必然要有落体运动。

附释:在落体运动中,物体的质没有任何意义,物体寻求回归引力中心是绝对的。这样,引力中心与物体就是两端项,落体运动构成了两端项的中项。在落体运动中,第一秒下落的距离约15英尺,第二秒是45英尺,第三秒就是75英尺,这就是落体的匀加速。

§268

落体运动只是抽象地设定了一个引力中心,吸引各个星球对它的回归。但各个星球本质上是自为存在,它们有一种排斥,就形式来说,是星球与星球间的排斥,就概念来说,是对引力中心的排斥,这就产生了观念性与实在性的矛盾,这种矛盾表现为一种运动,即星球的绝对自由的运动。

附释:各星球既受引力中心的制约,又排斥引力中心,落体定律的缺陷在于,它没有对排斥做出解释。物体的概念决定物体的存在。落体定律还只是片面,星球为什么能排斥引力中心,为什么能处在它自己的位置,这是它的概念所决定的,这在第三章绝对力学会讲到。同时,黑格尔在这里提醒大家,科学的价值并不在于能把握和说明宇宙中所有的形态,大家应该满足于我们迄今为止所能实际把握的东西,而我们所能把握的仅在太阳系,所以下面的论述将逐步转入太阳系和我们的地球。

第一篇　力学

第三章　绝对力学

§ 269

万有引力是真正的物体形态的概念。天体的形态是存在着众多独立的星球，它们有一个共同的中心，所有星球围绕这个中心旋转，这就构成了一个体系。

说明: 万有引力理念是一种深刻的思想，在上至太阳系下至毛细血管的现象中都得到了经验的证明。如果局限于知性的理解，万有引力只能用来解释引力对落体的影响，而不具有它在实在性中发展出来的理念意义。万有引力概念本身包含着自为存在和扬弃自为存在这两个环节，自为存在即斥力，扬弃自为存在即引力。但知性把引力和斥力、或者说向心力和离心力，理解为两种力，假定这两种力是独立地、偶然地在物体中碰到了一起。万有引力本身就是概念，这个概念一方面蕴含在物体中，一方面又通过物体展现它的外在实在性。一般来说，运动就是由众多物体组成的一个体系，这些物体因斥力而各自独立存在，又因引力而环绕引力中心运动，这个运动显示了这个体系的自身同一性，这些物体与中心是不可分离的。

附释: 太阳系是许多星球构成的一个体系，每个星球都独立地保持着自身，它们共同的引力中心是太阳。太阳作为绝对的中心物体，表现出抽象的旋转运动，即围绕它自身的中心旋转；其次是相对的中心物体，如太阳系中的八大行星，它们自身具有中心，围绕中心进行自转，同时也围绕自身之外的绝对中心即太阳进行公转;最后是自身无中心的附属物体,比如彗星和小陨石,它们没有自身的中心,没有自身的独立旋转,只是围绕自身之外的中心旋转。黑格尔把月亮这类行星的卫星也归入第三类自身无中心的附属物体,这显然有错误,卫星自身有自转,也围绕行星旋转,同时在行星引力带动下,围绕太阳作公转。行星围绕太阳公转,这是太阳对行星的引力作用,行星之所以不被太阳吸引而坠落到太阳,这是行星的斥力作用,卫星与行星的关系也如此。

于是这里就有三种运动:1.由外力推动的机械运动,它是均匀的;2.落体运动,它部分是受制约的,部分是自由的,它的本质是引力;3.无条件自由运动,这是天体的机械运动。这种运动是旋转,众多星球围绕引力中心旋转,众多星球设定引力中心,引力中心设定众多星球,这是周边与中心的关系,没有周边中心无意义,同样没有中心周边也无意义。知性时而把中心当作物理学起点,时而又把周边当作物理学起点,所以知性思维就是分离的、片面的物理学观点。落体是引力的表现,水平方向的离心力是斥力的表现,知性认为有两种力,其实没有两种力,只有一种力,天体运动也只是一种力的运动。这就好比有好思想也有坏思想,但它们都是思想,并不存在两种思想。

§270

自由的自为的引力中心即恒星,是以它们的概念为它们的规定性的。因此,太阳系中太阳就是普遍性的中心;卫星、彗星就是无自己中心的独立物体,是个体性;八大行星既是自为的中心,卫星围绕它们运转,又以太阳为中心,围绕太阳公转,它们是特殊性。黑格尔不仅把太阳系,也把所有星系的运动看作由普遍、特殊、个体构成的三一式概念。

说明：行星绝对自由运动的定律是开普勒发现的，这是一项享有不朽盛誉的发现。开普勒第一定律，行星沿椭圆轨道绕太阳运行，太阳位于椭圆的一个焦点；第二定律，如果将太阳与行星连一根线，行星扫过的面积就是个扇面，在相等的时间内，扇面的面积相等；第三定律，行星绕太阳公转周期 T 的平方和它的椭圆轨道的半长轴 R 的立方成正比，即 $R^3/T^2 = k$，这是个常数，此常数对各行星都相同，与行星的质量无关。由这一定律不难导出：太阳与行星之半径的平方和太阳对行星的引力成反比，这是牛顿万有引力定律的基础。于是牛顿在这个基础上，进一步研究了致使各行星作轨道运动的作用力，得出万有引力定律，任何物体间都存在相互作用的力，力的方向是沿两物体的连线方向，力的大小与两物体质量的乘积成正比，与两物体间的距离成反比。对此黑格尔认为有必要做出说明：开普勒以纯朴的方式说出了天体运动定律，牛顿只是在此基础上推演出万有引力，但此后形成了一种普遍的说法，似乎牛顿第一个发现了这些定律的证明，把开普勒的荣誉转加给牛顿这是不公平的。不过牛顿给开普勒定律添加的摄动原理还是有意义的，这个原理的意义在于，行星相对的位置不只是抽象的距离，行星的位置会形成暂时的引力，从而共同设定它们的引力中心即太阳，并从属于这个引力中心，构成太阳系。

自由运动的规律与概念的关系，现在只能指出这些，不可能有更详尽的论证。自由运动的量的规定性的理性证明，只能以空间与时间的概念为基础，时空这两个环节的关系构成运动。科学应该以概念为基础，而知性却不是这样，下面是黑格尔对知性的批判：1.自由运动一般是一种回归引力中心的运动，这是由行星、彗星、卫星的概念所决定的，也就是说，它们一方面是以自身为中心的独立体，一方面又是围绕引力中心即太阳运动的。

这些概念的规定性,决定了它们既有向心力又有离心力。但知性的认识却是颠倒的,知性认为这两种力是分离的,两种力是偶然遇在一起的。2.知性认为向心力和离心力是此消彼长的,行星从远日点向近日点运动时,离心力小于向心力;反之,从近日点向远日点运动时,离心力又大于向心力。知性解释其原因是,因为行星在近日点离太阳最近,所以离心力最小,因为行星在远日点离太阳最远,所以离心力最大。这种把离心力和向心力分离的形而上学假想是毫无根据的,很显然,离心力不断增强,当它达到顶点时,为何突然转变为向心力,这是没法解释的。知性的这种解释会带来更大的混乱。

附释:第一个问题是开普勒定律。开普勒应用归纳法,从第谷收集的零星现象中发现了行星运动的普遍定律,这是天文学领域的天才功绩。1.哥白尼认为行星以圆形围绕太阳公转,如果这个公转是标准的圆形,那么圆周的弧长必定是相等的,但从长期观察以及第谷留下的数据来看,这些弧长并不相等,这说明太阳与火星轨道的半径并非任何时段都相等,这个不相等说明火星绕太阳公转轨道不是标准圆,而是椭圆。这是开普勒第一定律。2.太阳是中心,火星绕太阳运转形成椭圆轨道,如果从中心向火星轨道拉一条线,这就是火星椭圆轨道的半径,火星在一段时间内比如一天所走过的区域就会形成一个扇面,观察发现,火星在同样一天时间内,在不同区域走出的扇形是不同的,在近日点扇形的弧长大,在远日点扇形的弧长小,这说明火星在近日点速度快,在远日点速度慢,速度变化的原因只能是太阳对火星引力作用的变化。这是开普勒第二定律。太阳引力对行星速度的影响必然引出第三定律。3.行星与太阳的平均距离的立方,与行星运行周期的平方成正比,这是开普勒第三定律。这个定律实际上说出了,在太阳系中,行星轨道半径越大,行星离太阳越远,太阳对它的引力越小，反之则越大。牛顿就是在开普勒定律的基础上发现了万有引力定律。当然牛顿的万有引力定律为数学提供了许多方便，这是他的功绩。但贬低开普勒的荣誉，把他人的荣誉加在自己身上，这是英国人的毛病，是不可取的。

第二个问题是关于落体定律，以及向心力与离心力。在地球上引力指落体定律，即物体落向地面的速度和加速度，牛顿把这个引力应用到月球的运行，并发现双星的天箭座也影响着月球的运行，这可能是正确的。但地球上的落体定律是经验性的，这并不意味着它适用于行星与卫星的关系，这只是个有限的观点。牛顿把引力视为一切运动的定律，把引力运用到天体的运行，按照牛顿的理论，物体趋向引力中心的运动，是由引力和切线方向的力合成的。于是我们就有了两种力：引力或向心力，切线方向的力或离心力。按照知性的说法，行星在远日点离心力最大，在近日点向心力最大。既然在近日点向心力最大，那么当行星离开近日点时，离心力突然增大压倒了向心力，这又如何解释呢？人们用这种假设把自己搞得稀里糊涂。其实在考察行星运行时，离心力是多余的东西，说运动是由这两种力构成，也是没道理的。其实只有一种力，即引力。

第三个问题是太阳系中的星球以及它们的关系。1.首先是引力中心的太阳。太阳被假定有一个中心点，它围绕自己的轴心自转，太阳是物质构成的，太阳中的物质围绕中心点旋转。太阳是静止与运动的统一，说它是静止的，因为它没有位置的变化，说它是运动的，因为它有自转，因此太阳的这种统一直接就是质与量的统一。2.其次是无独立性的卫星和彗星。它们同自己的宿主即行星保持一定的距离，围绕自己的行星旋转。比如月亮与地球的关系就是这样的。因而就有两种运动：一种是乖常运动，即静态运动进入非静态运动，这是指卫星领域；另一种

黑格尔《自然哲学》浅识

是涡动，这是指彗星领域，表现出随时准备使自身分解于虚空的活动。彗星的运动只是与自身相关联，而卫星比如月亮的运动则是与一个新的引力中心即地球相关联。3.最后是行星。行星既是自转的，也是围绕太阳公转的，因此行星在自身有个中心，但这只是相对中心，它的绝对中心是太阳，所以行星不是独立的。绝对中心和相对中心的结合关系，改变着行星的位置，这就是行星围绕太阳公转的基础。

如果我们把太阳看作普遍，把卫星和彗星看作个体，把行星看作特殊，这就构成了一个系统，卫星、彗星和行星共同建立了它们的引力中心即太阳，反之引力中心的太阳又引导着卫星、彗星和行星的运动。地球是太阳系中的一员，地球上的一切事物都遵循这个运动规律。每个事物自身都具有这种普遍性，都是回归到普遍性的具有特殊性的个体性。

§271

物质在引力作用下聚合为物体，这时外在的引力中心已不是它的中心，它具有了自己的中心，这个中心就是它的形式。形式最初只是观念性的东西，形成物体后，形式物质化了，作为整体性的物体现在获得了自我。物质成为有质的物体，这就进入物理学的领域。

附释：这样我们就结束了自然哲学的第一篇——力学，力学构成了一个完整的物质领域。在这个领域里，物质只是空间中的一个点，引力的规定性，只是点与点之间的空间关系；物质的统一性只是回归引力中心，物质还没有自我，因此物质还不是自为存在，这就是力学领域中物质的本性。

太阳系的总体形式是普遍性概念，太阳系中的所有物体都是概念的外化，在太阳系中，物质有了统一性，这样的物质就是自为存在。概念通过否定之否定达到肯定,这就是逻辑学中"变"的范畴,而空间、时间、运动就是这样变成物质的。构成太阳系的形式规定,如空间、时间、运动都是物质本身的规定性,这些规定性构成物质的存在,存在是质的规定性,这就从力学过渡到物理学。

第二篇　物理学

§272

物质只要具有自为存在，从而自身有了规定性，就具有个体性。在力学阶段，物质的中心是引力中心，所有物质都回归这个中心，因而物质都有重力。到物理学阶段，物质有了个体统一性，聚合为物体，物体有自己的形式和规定性，摆脱了引力中心的吸回，因而在空间中有了自己的位置。

附释：物质现在服从于自己的个体统一性，成为了自由物体，物理学要分析的就是这种自由物体。重力是物质的本质，本质必定要显现，显现为物质的规定性，这些规定性彼此分离，一种物质具有一种特质，这些物质还没被统一为物体，只是无形态的元素。我们是分两步来认识物体的，首先我们得到的是物体的直接显现，后来才把这种显现设定为物体的本质规定。比如在太阳系里，人们最初看到的是太阳，后来才把太阳设定为光，意识到发光是太阳的现实存在。

§273

物理学的内容分为：1.普遍的个体性，直接的、自由的、物理的质;2.特殊的个体性,物体形式与重力的关系,以及这种形式对重力的规定;3.整体的、自由的个体性。

附释:物理学是自然哲学中最难的部分,这部分就像逻辑学的本质论,概念是隐藏的,通过物理现象显现,因此个体性物体中包含着概念与实存的差别和对立。这就是黑格尔的基本哲学思想——概念的外化。

第一章　普遍个体性物理学

§274

这一章要分析三个命题：A.天体，天体是直接的、彼此外在的、独立的质；太阳是气态质和火态质（燃烧态），地球是固态质，彗星是液态质。B.物理元素，地球上的物理元素与太阳系中的天体相关联，天体只有气、火、水、土四种存在状态，地球上的物理元素也是这四种。C.气象过程，这是产生地球上物理元素的过程。

一、自由的物理物体

附释：概念现在获得了物质性，就是说，概念已外化为自在自为的物体，于是我们便在逻辑上进入了本质阶段。逻辑学的本质论阐明了，所有的物都有本质和实存两方面，本质必定通过实存显现自己，本质就是实存的规定性，这种规定性的显现就是物的外在形态。在太空中，物质的碰撞构成了物体，由于物体是由不同物质聚合而成的，各物体的质不同，因而各物体具有其独特的规定性。这些规定性必然有其外在显现，因此就要通过它们的显现，来探索物体的本质。

（一）光

太阳系中自由的物体首先是太阳，太阳的燃烧产生光和气。

§275

有质的规定性的物体，就是本质与实存的自我同一，实存映现本质。本质是该物体的自我,这个自我就是光。太空中发光的个体就是星星,太阳系中发光的星星就是太阳。

附释:这里要谈两个问题:

(1) 光的先验概念。

太阳作为一个个体性的星球,它的内在本质就是光。光的第一个先验概念,光是一种自然显现,光与他物共存,在光的照耀下我们看清事物,同时光也显现了自己。光的第二个先验概念,光是无限的空间弥漫。光的第三个先验概念,光必定会遇到自己的界限,这个界限就是黑暗,光只有与黑暗对比,才能产生区别,才能显现自己。

(2) 我们的观念如何去发现光的概念。

这个问题也就是光的实在性。要考察光的实在性,我们必须考察光的为他存在,也就是光照亮暗物,以及光自身的显现。显现必有显现的主体,这个主体就是发光的太阳。通常我们会用地球上的燃烧去解释太阳,太阳是燃烧的星球,燃烧产生光和热,这个热传到地球,所以地球上的物体会发热。但瑞士气象学家戴吕克指出,太阳并没把热传到地球,太阳光本身是冷的,只是因为太阳光作用于地球上的物质,物体才变热。关于物体发热的原因,黑格尔在特殊个体性章节中有自己的解释。另一个问题是,太阳燃烧必然会消耗燃料,这种消耗如何得到补充?黑格尔采纳了拿破仑时期法国将军雅克·阿利克斯的观点,太阳系是个有机的整体,太阳与行星是互补关系,行星上的氢升腾到太空中,补充了太阳因燃烧损耗的氢。

§ 276

光作为太阳的本质,是无重量的;光作为物质,是无限的已外存在,因为光唯有照亮他物才显现出自己;光作为纯粹的显现,作为物质的观念性,是与被照物不可分离的,没有被照物就显现不出光。

说明:人们往往认可自然界的实在论,而拒绝自然界存在观念性,其实光就是自然界中观念性的存在。光照亮物体,同时显现出自己,所以光与物体不可分离,这就是观念性地理解光。自我同一就是本质通过外在实存显现自己,太阳是外在实存,光是本质,本质通过太阳显现,这就是太阳与光的自我同一。哲学要研究的是概念的必然性,这种内在必然性必定会显现为外在实存。现在还在发光的星球,有些其实早在几百年前已经消亡,这种光的传播表明了观念性可以转变为实在性。

牛顿的微粒说认为,光是由一种微粒聚集而成的,这些微粒以一定的速度在空间作直线传播,也就是认定光是间断的。后来的光学发现,光线会从可见平面上的每个点向一切方向发散,这些点发散的光彼此渗透,这种全面渗透推翻了牛顿的间断说,确立了光与物体之间不可分离的观念性关系,这种关系表明光是一种自我映现,这就把微粒说、波动说、振荡说、光束说等完全排除了。

附释:光照亮物体,使物体得以显现,与此同时,光自己也得到显现。光是无重量的,我们用透镜把光聚焦到一个点,让它落到天平上,天平的秤盘并没被压得下降。

人们往往习惯于用实在性来看待事物,但光不同于事物,光是纯粹的思想,是以自然方式存在的。牛顿所谓的光束,现实中是不存在的,光束只是外部受到限定的光,光本身是不可分的。牛顿的光直线传播理论,惠更斯的光波动理论,欧勒的光靠以太传播理论等,都是些物质概念,对我们认识光并无裨益。

光是充斥空间的,发光体与被照物之间有分离,这是间断性,光照射到被照物,这是连续性,所以光是间断性和连续性的统一。光的传播需要时间,我们看到的某些还在发光的星球,有些其实早已不复存在,可能是数百年前的光,赫谢尔的发现证明了这一点。

§ 277

光不同于一般物体,光外在于一般物体,一般物体是暗物,光照亮暗物,因而暗物就是光的否定。光照亮暗物的表面,使暗物得到显现。如果暗物的表面是光洁平滑的,那么它只能反射光,即光在他物上得到映现。这种通过他物而达到的映现,就是抽象的自我映现。暗物要充分显现自己,取决于它表面的粗糙、造型、颜色等因素。

附释:光与暗相对立,光是肯定,暗是否定。光使暗物得到显现,同时也在暗物上显现出自己。光与暗互相外在,两者形成界限,只有在这个界限上,光才是现实存在。纯粹的光和纯粹的暗一样,什么也看不见。光在空间中的限定,就是光在照射方向上被阻滞,能阻滞光的唯有暗物,所以这个界限是由暗物设定的。一个物体要能显现,它表面的粗糙度、它的造型、它放置的位置等因素,决定了它产生什么样的明暗对比,这种明暗对比使得物体成为可见的。不过我们这里分析的显现,并非针对某种物体的显现,只是光的显现,因此这种显现也仅是光在空间中的限定。

§ 278

物能在光的照耀下显现,是因为受到暗的限定,明暗对比物才能显现,这种限定关系是直接的空间关系。一个物体由许多面组成,这些面处于空间上不同的位置,当它受到光照耀时,有的面受光,有的面黑暗,该物才能显现自己。这就表明,要显现一个对象,不仅要有光和对象,还要靠第三者——暗。显现的规律是等同性,这种等同性也包括光的射入角和反射角的等同性,也包括这两个角的平面的统一性,这种等同性是不可改变的。

说明:这一小节所讲的光的规定性,涉及普通物理学领域,包括暗物对光的限定,以及暗物不同的面对光的限定,后一种限定是观念性的,即光与物体的不可分离。普通物理学通常把光仅看作物质,它研究的是光的传递、光的反射等物理现象,但哲学探讨的是光的抽象观念性,即概念的必然性。

这里黑格尔顺便分析了马吕斯的偏振理论,批判了他由此做出的推论,强调了显现只能以等同性为规律。

附释:光照射在物体上,使物体成为可见的,光的方向不同,它的光亮度也不同。物体成为可见的,是因为物体反射了光,从这个角度来讲,光并非存在于自身中,而是存在于它物中,这就是反射的主要规定。

但是,唯有毛糙的物体表面,我们才能看清它,如果它是光洁平滑的,我们只能看到反光。

但光洁的表面能照出其他东西。如果我们把 AB 两面镜子相对放置,A 镜能照出 B 镜,同时也反映出 B 镜中的 A 镜,同样,B 镜能照出 A 镜,同时也反映出 A 镜中的 B 镜。如果两镜保持一定的角度,这个过程可以一直进行下去,以致无穷,这就是光的反射。光的对立面是暗,暗是光的否定,我们接下去要考察的就是这种对立物。

(二) 与光对立的物体

§ 279

在太阳系中与光对立的、具有物质实在性的暗物有两种:一是月球,它是不同物质构成的星球,因而是自为存在的固态星球;另一是彗星,它不受其他星球的控制,它是中和了多种物质的气态星球。

说明:即便在太阳系这个引力系统里,月球与彗星都有自己的独特性,它们都不围绕自己的轴进行旋转。月球是固态的自为存在的星球,围绕地球公转,因此不是个体性的。月球上有形似火山口存在,表明它内部有燃烧过程。彗星是气态星球,它的运动轨迹乖常,偏离正道。彗星像一团运行的蒸汽,自身没有坚硬的东西。彗星渴望回归引力中心,但根据天文记载,很少有彗星回归了太阳的。有一种观点认为,太阳系是个有序的体系,太阳系自身可避免彗星撞击地球。鉴于黑格尔当时的天体物理学的有限性,这些说法不完全正确,月球有其自转,彗星的慧核有固态物质,彗星实际上也有其恒常的运行轨道绕太阳运转。

附释:黑格尔当时的观点认为,月球和彗星是地球的两个环节,月球是由地球分裂出去的内核,彗星是地球分裂出去的大气。

月球按照其物理规定性是可燃的,但这种可燃性只是潜在的,尚未实际发生过。月球因为没有水分,它试图与地球的海洋结合,以解决它的干渴。这也有部分正确性,月球的引力对海洋潮汐运动有影响,但这同月球缺水无关。

彗星是太阳系的组成部分,彗星不是外来客,它的轨道取决于太阳系。

出于逻辑学的规定,黑格尔总是把一切看作普遍、特殊、个体的三一式推论。因此太阳、行星、卫星和彗星三者间也是这样的推论。太阳是一端,卫星和彗星是另一端,行星是中项,这是一种推论。但黑格尔认为另一种推论更准确,太阳是一端,地球是另一端,卫星和彗星是中项。因为月球作为地球的卫星,既绕地球旋转,也随着地球绕太阳公转,月球包含了两端项的统一性,而彗星则绕太阳转动。

月球和彗星对地球上的生命有影响,月球导致地球生命患病或情绪波动,彗星的出现导致葡萄的丰收。这些经验性的现象只是个别例证,可能有一定的科学性。

(三)个体性物体

§ 280

地球或行星是与太阳相对立的个体性物体,它们是坚硬的固体星球,它们由各种不同的物质构成,它们的自我统一性把这些不同的物质结合在一起。

说明:行星自转又围绕太阳公转,这种运动是生命力的表现。太阳作为发光体具有抽象的同一性,这种同一性的真理就存在于个体性的行星里,也就是说,行星绕太阳公转构成了太阳系的同一性。行星运动的规律,现在尚未真正掌握,它们是否合乎理性的,自然哲学还不能对此作更多解释,以往科学家所做的各种解释,也只是一种偶然性的思想而已。比如开普勒认为行星的运动像音乐般和谐,拉普拉斯则反对开普勒的和谐说。不过开普勒的和谐说预示了太阳系是合乎理性的,可惜这种预示没能得到足够的重视和荣誉。反之,牛顿把音律的数量比例应用于颜色,这种笨拙又错误的应用却获得了荣誉和信任。

附释:说到个体性物体,我们必须立足于地球,虽然整个太阳系是个集体存在,但从我们人类的角度来看,太阳是为地球服务的,仅对地球才重要。我们这里讲的只是个体性物体的抽象规定,还没涉及具体的个体性元素,这要到下一小节才讲到。

关于太阳系,我们可以说出许多和谐的例子,但我们不敢说这就合乎理性。谢林和斯特芬斯把行星与金属系列相类比,铜代表金星,水银代表水星,铁代表地球,锡代表木星,铅代表土星,这种穿凿附会的类比不会对我们的知识有所增益。林奈按照感官与本能给植物分类,法国人裕苏把植物分为单子叶植物和双子叶植物,但植物本身并不按这种分类来生长。行星也是这样,虽然我们可以想象太阳系是理性的,但太阳系中的行星并非按理性而存在。开普勒的和谐无非是毕达哥拉斯学派的思想。

我们还要考察一件事,那就是德国自然科学家帕拉采尔苏斯说的,地球上的一切物质都是由四种元素,即水银、硫磺、食盐和洁净土壤组成。水银是流动性的,相当于光;硫磺是可燃性的,相当于火;食盐来自海洋相当于水;洁净土壤相当于土。这个论断并不是说这些元素就是一切物质的成分,其实有些物质中并不含有这些元素,这个论断的意义在于,物质的存在形态就是这四种,即气态、燃烧态、液态和固态。

二、元素

§ 281

个体性物体作为自为存在,有其独特的存在形态,这个存在形态就是我们要探讨的物理元素。古希腊哲学家恩培多克勒最早提出四种基本物理形态,即气、火、水、土。

说明:说到元素,人们自然会联想到化学元素,单纯的化学元素绝不能同物理元素相混淆,物理元素是一种物体的存在状态,而化学元素则是物质的基本成分。

附释:太阳系中四大物理元素分别是:气相当于光,气是被动的、降为元素的光,太阳是气和光的本源;其次是火,月亮的本原是火;再次是水,彗星的本原是水;最后是土,地球的本原是土。太阳系中的物体就是这四种存在状态,它们必然影响到地球上物质的构成。物质不仅相互映现，它们也相互改变，太阳光就起到了激活这些改变的本原作用。古希腊哲学家恩培多克勒最早提出，宇宙的本原就是这四大元素，但后人站在化学的立场，误将本原的四大元素理解为构成物质的四种化学成分，所以近代物理学根本不提这四大元素。其实气、火、水、土四大元素是物体本原的四种存在状态，气是气态，火是燃烧状态，水是液态，土是固态，而化学元素只是物质的基本成分。化学力求得到单纯的东西，任何东西经化学分解，它的个体性就消失了，比如气可分解为氧和氮，但气没了，水可分解为氧和氢，但水消失不见了。而对有机体进行分解，有机性就荡然无存。

（一）空气

§ 282

太阳系中物质的第一种存在状态是气态。太阳的燃烧产生光，光照射到地球产生空气，因而空气是太阳燃烧产生的比光次一级的产物。空气是普遍的，空气有重量，空气潜移默化地腐蚀物体，所以是消极性的，这就是上一小节所说的太阳光所起的激活作用，空气在机械压力下有弹性，空气是透明的，光能穿透空气。

附释：a.太阳系中的所有个体性物体互相都有关联性，太阳燃烧产生光，光照射到地球产生空气，所以空气与光有关系。在地球上，空气是普遍性的东西。b.光与物体的同一性（不可分离）是抽象的，物体被光照亮，仅表明物体置身于光照中，物体也可置身于黑暗中；但空气与物体的同一性是现实的，空气与物体是普遍接触，任何物体都不可能不置身于空气中。空气对物体是消极作用，空气潜移默化地损耗着物体，比如它使水分蒸发，使金属腐蚀，使伤口恶化，使尸体腐烂等。空气对物体是破坏活动,一切物体最终都会成为微粒,消散在空气中,还原为单纯的基本粒子。知性反对这种"转世"说,但它又无法通过经验否定这种说法。c.空气不是固态的,它没有内聚性,没有外在形态,但空气又占据空间,空气有可渗透性,不同的气体可以占有同一个空间;如果用机械方法压缩空气,能产生动力能量;空气有可燃性,这显示了空气与火的本质相关联。

（二）与空气对立的元素

§283

物质的第二种存在状态是燃烧态。燃烧态的物质就是火,它是一种与气态相对立的物理元素。火或燃烧是物质概念中的一个必然环节,是个体性物体自为存在的一种永不止息的状态。火是非坚固性的自为存在,火是燃烧态,空气有可燃性,所以火与空气有关联,可以说空气潜在地就是火。火的燃烧是个过程,所以火是物质化的时间。火是否定性,它毁灭一切东西,在毁灭他物的同时,也毁灭了自己。物体起火有两种原因,一是火从外面延及到物体,另一是物体内的微粒摩擦生火,这在下面特殊个体性物理学中会详细分析。

附释:说空气潜在地就是火,因为空气的氧化作用毁灭一切物体,它同火的毁灭物体是相同的。不过火的毁灭作用是现实的,火是否定性本身,火中包含了对立,对立的一方是燃料,一方是火自身,燃烧要靠燃料,火在毁灭燃料的同时,也毁灭了自己。说燃烧是个体性物体自为存在的一种永不止息的状态,因为生命过程也就是火的燃烧过程,火燃尽生命就终止,但生命又不断地产生下一代生命。燃烧使一切变为中性的流体(液态),水就是这种中性的流体。

§284

物质的第三种存在状态是液态。液态的物质就是水,它是与空气相对立的元素。水是中性的东西,水没有自为存在的个体性,因而是非坚固性的液体状态;水有附着性,水有可溶解性;水的形态受外部的规定,在气温作用下,水可以是气态、液态、固态的。

附释:

水的被动性产生的第一个结果:a.火是积极的为它存在,因为火毁灭物体;水是消极的为它存在,是抽象的中性东西,水融合一切物质于自身;b.水没有内聚性,故不能抵抗外力,受到外力冲击时,水总保持水平状态;c.水有流动性,水没有自己的重力中心,服从于地球的引力中心,故水总是向低处流动;d.水是透明的,但又不像空气那么透明;e.外部规定水是什么形状,它就是什么形状;随温度的变化,水可以是固态的冰,可以是液态的水,也可以是气态的蒸汽;f.水具有可溶解性,溶解于水的东西就丧失了自己的形态而成为液态。

水的被动性产生的第二个结果:水不可压缩,或仅仅在很小程度上受压缩,也就是说,水对外部压力几乎没有抵抗性。

水的被动性产生的第三个结果:水易于分散,有附着性,会把东西弄湿。

以上三种物理元素,空气是普遍性,它与一切物体发生关系,这种关系毁灭一切物体;火也是普遍性,也毁灭一切物体,但它不同于空气的是,空气不表现自己,而火把自己表现出来,因此火有自为存在的形态;水是消极的被动性。这就是这些元素的必然的观念性规定。

（三）个体性元素

§ 285

与上述三种物质存在状态不同的是固态,这就是土,土是固态的个体性元素,土把其他三种物理元素综合到自身,它是激发和支持其他三种物理元素的力量。

三、元素的过程

§ 286

地球的同一性使四种不同的元素都存在于地球上,四种元素是互相转化的,转化的过程就是气象过程,是四种元素的辩证关系。作为地球概念的不同环节,这四种元素既是从气象过程中产生的,又是在这个过程中保有其持存的。

说明:知性的普通物理学,把所有物质都分解为化学元素,把元素间的差异看作固定不变的。当他们把普通物理学应用于地球物理学的研究时,自然就忽略了四种物理元素的转化。

附释:理解气象过程的主要困难,在于人们往往把四种物理元素看成固定不变的东西,比如水就是水,气就是气,看不到它们间的转化。人们喜欢用一种方法来解释所有事物,比如用化学分析来解释植物或动物,这不可能穷尽它们的本性。人们追问一个东西是什么,但他追问的这个"什么"只是这个东西的现象,而非概念。一种物理元素,是由两方面因素决定的,一方面是它本身,另一方面是作为它本原的那个物体,比如气的本原是太阳,水的本原是彗星,物理元素的转化也取决于那个本原物体。因此我们要考察地球上的物理元素,就必须同它的本原联系起来。各种物理元素具有相互转化的特性,比如雨的形成,就是水转化为气，气又转化为水，普通物理学不能认识到它们的转化，以为地面上发生的情况与天空中是一样的。就以下雨为例：

知性的一种观点是机械运动，认为地面的水受温度影响而成为水蒸气，水蒸气升腾到高空，遇到高空的冷空气，再度化为水落下来，也就是说，在低温中水蒸气应该是水。但德国物理学家李希滕贝格证明，在最高的瑞士山脉上，那里的温度比地面冷得多，但空气却是干燥的，知性物理学并不能解释这是为什么。

知性的另一种观点是化学的，这种观点认为水可以分解为氢和氧。那么在炎热的夏季，地面大量的水被蒸发了，空气中的氢和氧应该有所增加，但实际情况并非如此。

举这两个例子无非是要说明，不能以实验室得到的结果来推论天空中的情况。

§ 287

地球处于太阳系中，太阳光与地球有着密切的关系，地球相对于太阳的位置制约着地球上气候的变化。影响地球气候变化的另一个因素，是地球自身同一性的分裂，这个同一性分裂出两个物体，一个是无水无云的固态星球月亮，一个是含水物体彗星，这两个星球与地球有着密切的关联。

附释：地球既然是太阳系中的一员，阳光对地球的影响就是现实性的，比如地球上有昼夜的差别等。太阳作用于地球须从两方面来考察，一是地球状态的变化，另一是气候的质的变。

属于第一方面的是冷热冬夏的变化，天气变冷或变热，这与地球相对于太阳的位置有关。通常认为，地球绕太阳椭圆形运行，地球在近日点天气热，在远日点天气冷。如果仅是这样的话，夏至应该最热，冬至应该最冷，但实际情况并非如此。过了秋分，地球离太阳渐远，但气温下降后又有回升，过了春分，地球离太阳渐近,但气温升高后又有下降。这就表明气温的变化,除了地球与太阳的距离外,还有地球自身内在的原因。

另一个更重要的是质的变化,即地球与大气的密切关系,与月亮与彗星之间的交替有关。月亮无水,彗星有水,两者的交替产生中和,形成带水的空气,这就是云的形成。地球的引力又把这些带水的空气吸引回来,这就是下雨、露水、降霜的原因。因此云的形成不纯粹是上升的水蒸气的活动。另外,下雨、露水、降霜也与空气的比重有密切关系。

§ 288

在气象过程里,原本互相对立的气、火、水、土四种存在形态,现在扬弃了它们的对立,回归到统一性,而地球也就成为了真正富有实质内容的个体性物体。

说明:地震和火山喷发,可以看作是地球的自为存在,是地球固体化的过程。这个过程属于火的过程,月球上可能也发生过类似的过程。另外,云可以看作形成彗星的开端,雷雨才是形成彗星的完整表现,其他气象现象作为诱发因素,对彗星的形成也起到一定的作用。无论关于雨的形成,还是关于闪电雷鸣,物理学至今还没做出令人满意的解释。

附释:大量的气象过程表明,太阳系是个整体,每种气象现象都不是孤立的,都与太阳系这个整体相关联。黑格尔举出许多例子说明这种相关联:

月球与彗星的中和,就是火与水对立关系的扬弃,因而形成降雨。其中主动起统一中和作用的是火,火以闪电的形式达到它们两者的统一。这种中和在地球上也有表现,这就是火山和喷泉。地球深层的熔岩是火,它以火山的形式喷发出来,同时,地表深处有地下水,它以喷泉的形式喷发。地球既有火山喷发,也有喷泉的喷发，这就是地球自身的平衡，是火与水的中和。

赤道附近的空气受热上升，空气就向南流动，去补充赤道带上升的空气，因此船从欧洲出发向赤道行驶，经常刮东北风，越过回归线，船又能享受到西北风。这种风我们称之为信风，因为它的风向是恒定的，古代商船都是帆船，它们就是靠着这种风向常年不变地航行于海上，所以这种风也叫贸易风。贸易风与太阳的照射有关，这表明太阳系的整体性。

气也能发展为其他材料，甚至形成岩石或金属，这些物体就作为陨石落到地球。因此陨石也表明了太阳系的整体性。

气象过程是生成个体性物体的表现，个体性物体有自己独特的质，这些质无非就是气态、燃烧态、液态和固态，而太阳系中只有气、火、水、土四种物理元素，因而太阳系是个整体，太阳系中的任何事物都不可能超出这四种存在形态。

§289

物质的概念，最初只是重力，因而地球只是抽象的个体性，是围绕太阳这个引力中心运行的行星而已。现在地球在自身的发展过程中，把自身设定为四种物理元素的同一性，因而现在地球是实在的个体性。

附释：地球现在是实在的个体性，它集四种物理元素于一身，那么我们有必要考察物理学的另一个领域，即特殊个体性物理学。

第二章　特殊个体性物理学

特殊个体性物理学分析了物质所共有的四种特性。

§ 290

这一小节讲重力统一与个体性统一的区别。以前所有物质都服从引力中心，都向引力中心回归，这是重力统一，在这种统一中物质是为它存在，没有自己的中心。不过重力统一并不影响物体相互外在地存在于空间中，也就是说，它们并未全部被引力中心吸回，只是围绕引力中心在旋转。物质的概念决定了物质具有聚合性，物质都谋求与其他物质集聚形成物体，这就是个体性统一。太阳是太阳系的引力中心，太阳是重力统一，行星是由各种物质集聚而成的个体性物体，行星是个体性统一。个体性统一是物质的自为存在，这种统一既扬弃了物质自身的独立性，也抗拒重力统一。互相外在的物质集聚成物体，物体的形式就是这种统一性，所以物理学的这部分就是个体化的力学。

附释：个体性统一体具有自己的形式，形式渗透到各物质中，是各物质的灵魂，将物质集聚成一个统一体，这个统一体就是具有个体性的物体，比如我们的地球，以及地球上的各种物体。

§ 291

这一小节讲抽象个体性与具体个体性的区别。凡物体都有特性，如果这种特性是这类物体所共有的，就是抽象个体性，比如下面要分析的比重、内聚性、声音、热。一只具体的杯子,它是白色的,是瓷器,有把柄,多高多宽,这是这只杯子独特的规定性,这些规定性不是所有物体所共有的,这就是具体个体性。我们要分析的是物体的抽象个体性。有限物体中的比重、内聚性、声音、热是彼此外在的环节,它们之间既有差别,又互相关联。

说明:物体的抽象个体性与具体事物是不可分离的,但我们又不得不将它们分离出来单独加以考察,所以这是非常困难的。

附释:我们要分析的物体的个体性,只是抽象个体性,不涉及具体个体性。

§ 292

个体性物体有重力,因此它们的特性包括四个环节:A.比重,这是物质纯粹的量的关系;B.内聚性,这是物体内物质与物质的协合关系;C.声音,这是物体自身内的振动,是对物质概念的扬弃;D.热,这是物体内聚性的变化,是对物质的现实的扬弃。

一、比重

§ 293

物体的第一个抽象个体性规定是比重或密度,它是物体重量与体积之间的关系。通过这种关系,物质作为自我性,摆脱了引力中心,不再只是均匀地充实着空间,扬弃了自己的独立性,集聚成物体。

说明:物体有不同的密度,知性是用细孔说来解释的。细孔的假定是这样的推论:a.同等大小物体内物质的数量相等,数量相等则重量相等;b.物质的数量等同于重量;c.那么重量相等的物质所占空间也相等;d.所以,重量相等的物体之所以体积有大有小,因为体积大的物体中有细孔。知性就是这样用同一律从前三条定理中推论出第四条定理,但这个推论缺乏经验基础。一根平衡地悬挂在支点上的铁条,在被磁化后,它的体积未变,它的质未增加,但一端比另一端重量更大,这个现象用细孔说是无法解释的,它恰恰是重力变化的例证。对于体积相同的两物体为何重量不同,康德认为,两个同等体积的物体,之所以一个比另一个密度大,并不因为它包含更多物质,而是因为它包含的物质充实空间的强度更大,从而开创了一门所谓的动力物理学。通常的密度观点只关注物质充实空间的广度,康德提出了物质充实空间的强度,尽管这种强度说没有经验上的实在性,但它暗示了物质概念的一种内在规定性,即通过比较来认识物质,这个比较就是物质的比重。

附释: 在之前的分析中,重力与体积是分离的,物体间的差别仅是质与量方面的差别。现在物体有了一个新的规定性,这就是比重。体积相等的物体有不同的重量,或者说重量相等的物体占有不同的空间,这是因为物体的比重不同。同等体积的水和金,它们重量完全不同,金比水重 19 倍,换句话说,一磅水占据的空间是金的 19 倍。

比重是物体特殊的规定性,它与地球引力有关,地球上气压的变化,就是比重的显示。歌德对气象做过很多研究,他发现高山上的气压比海平面要低得多,这说明气压同地球引力有关,因为高山上的引力相对于海平面的要小,所以气压低,歌德正确地把比重的变化同地球引力联系到了一起。有人认为,一磅水的体积之所以是金的 19 倍,因为水中有细孔,压缩这些细孔,水的体积就会与金等同,这完全是空洞的知性思维。比重在通常的物理学中被归结为引力和斥力的对立,这也是知性思维的谬误。

§294

密度或比重仅是物体的第一个抽象个体性规定。物质在空间中彼此外在,它们之间必然有联系,这种联系就是物体的第二个抽象个体性规定,即内聚性。

附释:内聚性比比重的范围更广,它涉及许多物质,把许多不同的物质集聚成物体。在内聚性中,物质现实地既相互抵抗又相互接触。

二、内聚性

物体的第二个抽象个体性规定是内聚性。任何物质都有内聚性,内聚性使各种物质在保持自我的前提下统一于一个物体中,没有内聚性,物体就是分散的物质。

§295

内聚性是物质的本性,这种本性决定了各种物质相互集聚形成一个物体,在物体中各物质保持其独立性。内聚性使各种物质集聚形成物体以对抗引力中心,比如行星与太阳的关系就是这样的。内聚性不是具体的物体本身,只是物质的抽象个体性规定,是物质集聚的一种方式,这种方式表现为以自己的独立性抵抗自身的质变。

附释:太空中单纯的机械运动就是碰撞和挤压,通过这种机械的碰撞和挤压,物质集聚形成物体。过去引力中心是各物质的中心,所有物质都回归引力中心。现在通过内聚性形成的物体,表现出一种自我保持、自我统一的特殊方式,比如太阳系中的行星就集聚了各种物质,能保持自己的存在,不被太阳的引力吸引而坠入太阳。

内聚性这个词汇的意义,在自然哲学中还是很不确定的。作为具体事物的内聚性表现为磁力,谢林把磁力和内聚性混为一谈,但磁力是两端项的统一点,两端项是有差异的,而我们这里谈的内聚性只是物质的抽象个体性规定,不存在两端项的问题,所以磁力不属于这里要讨论的范围。内聚性与引力中心作抗争,是物体的一个环节,还不是一个具体的个体性事物。

§ 296

通过内聚性,物质呈现各种形态:其一,对他物的附着性,这是自身无内聚性东西的集聚,比如水有附着性,能把他物弄湿;其二,物质自身的内聚性,这种内聚性有两种情况,一种是量的内聚性,表现为物质抵抗外力的强度,另一种是质的内聚性,表现为在受到外力时能保持自己的独特存在,即点状性、直线性和布面性。详见附释的分析。

附释:内聚性是物质保持自我存在的一种抽象个体性规定。附着性是被动的内聚性,是与他物的一种亲和力。比如,水就是这种附着性,它能附着任何东西,把它们弄湿;平滑的表面也有很强的附着性,将两块玻璃表面打湿贴合在一起,要分开它们就很费力。

量的内聚性是物质以自身的质和量抵抗外力的强度。一个物体在受到外力时会做出抵抗,比如玻璃或木材能承受压力,这就是以它们的质做出抵抗,吸铁石吸不动体量大的铁,这就是铁以自己的量做出抵抗。物体内聚力的强度与它的比重不成比例,金的比重大于铁,但金的硬度不如铁。

真正的内聚性是质的内聚性,是物质相互间的结构关系,这种结构关系是内在的,只有通过他物才能显现出来,也就是在承受外力冲击时才显现出这种内聚性。脆性物质是硬性的,不能

黑格尔《自然哲学》浅识

延展,不具有连续性,比如玻璃、钢、铸铁等在受到外力冲击后呈碎块或粉末状,这就是点状内聚性,它以这种内聚性保存自身。韧性物质呈纤维状,不易断裂,始终有连续性,比如铁能被拉成铁丝,这就是直线内聚性,它以这种内聚性保持自身。最后是可延展物质,它能被延展为平面,比如铁、铜、金、银等金属,它们是软性的,有屈服性,能被加工成片状,这就是布面内聚性,它以这种内聚性保存自身。

§ 297

第三种内聚性表现是弹性。当物体受到另一物体的外力撞击时,各物质微粒会将这种外力传递给其他微粒,并暂时屈服于这种外力,同时它们又会扬弃这种外力,恢复自己。弹性就是物质内在的既屈服于外力又能保持自己存在的规定性。

附释:弹性是一种运动的内聚性,是内聚性的整体。我们在第一篇中谈到,空间中的物体相互碰撞、相互抵抗,碰撞后物体会失去自己原先的空间位置,同时又占据了另一个空间位置,这是对外的弹性。现在这里讲的弹性,是个体性物体内在的弹性。

§ 298

物质的概念决定了物质都要寻求实存,实存就是物质自为存在的统一点,这个统一点把各物质集聚为物体。在遭受外力冲击后,物体之所以能恢复自身,概念和物质的持存,两方面都起了作用,因此弹性仅仅是物体恢复自身的比重。

说明:物质既是间断性的又是连续性的,弹性就是这种辩证的现实存在,间断性与连续性的矛盾,在这里以物质的形式出现。芝诺的悖论否定了运动,如果把空间中的点理解成孤立的空间点,把时间瞬间理解成孤立的时间点,这个悖论是没法解决的。要解决芝诺的悖论，只能这样理解：空间和时间自身都是连续性的，运动着的物体同时既在这个空间点又不在这个空间点，既在这个时间点同时又在另一时间点。同样，物质既被设定为占据空间的、持存着的，又同样被设定为非持存的。虚构的细孔说也被用来解释物质间的关系，他们说物体中既存在着物质又存在着细孔，细孔是对物质的否定，细孔存在于物质不存在的地方，然而，说物体中存在着对物质的否定，这实际上就是对物质的否定，这是知性思维的一般性错误。

附释：物体有软性、硬性、弹性三种性质。两个物体合二为一，改变比重或密度，这是软性。对外来物体做出抵抗，这是硬性，密度增大也是硬性，钢是代表性的。受到外力作用后能屈服又恢复自身，这是弹性。因此，物质互相否定是现实的，物质恢复自身也是现实的。物质的这种恢复，是其概念的本性使然。物质受到外力的否定，其概念的本性会产生一种反作用，反作用传递给每个物质，共同扬弃外力对它们的否定，这种传递就是物体内在的振动。

§ 299

物体受到外力冲击，物体内的物质会起变化，这种变化是双重否定，物质微粒的位移是一重否定，物质微粒复位是对位移的否定。这种物体内在的变化就是振动，振动就会发出声音。

附释：振动是为它存在，是为了发出声音。

三、声音

物体的第三个抽象个体性规定是声音。凡物体都有振动，振动就产生声音。

§300

物体有了密度（重力）和内聚性两个规定性以后，物质在物体中就是彼此外在的自为持存，这样的物体现在就是自由物体。自由物体是物质从空间性过渡到时间性，因为现在物质不仅占据空间，而且还在时间中持存。振动是物质概念的第三个规定性，它是物体的自为存在，表现为机械性的、具有灵魂性质的东西。振动是物质暂时的移位，又是物质的复位，因此振动就是物质的往复运动，有振动就会产生声音。

说明：物体内同质均匀的物质的振动产生悦耳的声音，非同质均匀的物质的振动产生噪音，当然物体的特殊内聚性、空间形态等对声音也有影响。水本身没有声音，全靠流动中与他物的摩擦而发声；玻璃的脆性有连续性，玻璃能产生声音；金属有非脆性的连续性，金属能产生声音和共鸣；如此等等不胜枚举。声音具有可传播性，这种传播性不是来回震荡，声音靠物体传播，不同的物体传播性能不同，固体比空气传播性好，土地能传声好几英里，金属比空气传声速度快十倍。声音还具有穿透性，能自由地穿透不同的物体，它的穿透与物体的密度、内聚性和造型无关，它的穿透引起物体的振动。但悦耳的声音或追求不同的音质，这取决于发音物体的密度、内聚性和特定的内聚方式，因为悦耳的声音是来回震荡，要取得来回震荡的效果，就要对发音物体的震荡区域有所规定，不同的乐器有不同的规定，所以它们有自己独特的音域和音色。比如，小提琴和大提琴的震荡区域不同，它们的音域就有高低之分，弦乐器、管乐器、三角铁打击乐器的质不同，它们发出的声音就不同。

附释：声音既是自由的物理表现，又与物体相结合，它是灵魂与物质的合为一体。正因为声音本身就是内在的、主观的东西,所以它能触动我们的内在感觉,能感动我们的灵魂。

声音的产生:一是摩擦,摩擦是物体表面的内聚性发生变化;另一是弹性,弹性引起物体内物质的位移和复位,这是物体内部内聚性发生变化。如果是两个物体的摩擦引起的振动,我们会听到两个声音互相干扰,这是噪音。如果是物体自身振动产生的声音,这是物体不受阻碍的内在振动,是由物体内聚性的本性自由决定的,这比前一种声音要高级。第三种声音是人类的歌声,歌声是主观的,这种振动产生的声音合乎精神的东西。比重和内聚性涉及人的触觉器官,声音涉及人的听觉器官,声音是从物质性到非物质性的过渡,这种非物质性的东西更贴近人的灵魂。不同的物质产生不同的音阶,鲸发出的声音是 A 调,锡是 B 调,银是 D 调,科伦笛是 E 调,铜是 G 调,玻璃是 C 调,枞木是升 C 调,等等。一切物体都能传递声音,知性说声音能穿过物体的细孔,这种假说完全不能成立。

§ 301

两个物体相撞,导致物体空间位置的变化,这也会产生振动,这种振动与物体内在的振动不同。物体内在的振动是物体内在的运动,这种运动是声音本身的表现。

在乐器领域里,乐器的体量与振动有关联,这关系到乐器发出高低不同的音。音域的差别,取决于乐器的体量,具体说就是乐器的长度、厚度以及张力。

说明:从质的方面看,提琴的弦、管乐器的音柱、三角铁都是直线,振动是弧线,因而振动就是变位,而变位意味着它们的比重和内聚性发生变化,也就是说,在振动时,直线相对弧线变短了,因而它们的内聚性相应地增大了。从量的方面看,乐器的长度越短,在该长度范围内振动往复的次数就越多,因而产生高音,反之则产生低音。另外,在提琴上,振动的弦会引起邻近弦的振动,产生谐音,这是共振现象。

附释:振动是物体内部的震颤。发声物体必须是线状或面状,在其长度的两头做出限制,振动才能在此范围内往复运动。击打一块石头,能发出声响,这种振动不会往复。从弦乐器或管乐器来说,声音的高低取决于弦或管的长度、厚度和张力,弦越短振动次数越多、音调越高,管乐器也同样如此。控制弦的长度靠手指,控制管乐器的长度靠键。另外,意大利小提琴家塔尔忒尼发现,在拉一根弦时,会引起邻近弦的振动,这是共振现象。

声音是我们的一种感受方式,声音的悦耳与否会激发我们不同的情绪,声音与数量比例有关,这是毕达哥拉斯第一个发现的,这就促使他利用数的形式来表示思想。附释以大量的列举,分析了音阶的高低、谐音的组成,以及给我们的感受。

§302

声音是振动产生的,振动是物质内部微粒的位移和复位,位移又复位这种交替会产生热。

说明:发音物体会发热,是因为物质微粒互相位移产生摩擦,摩擦就会发热,这是物质概念的必然规定性。

附释:物质概念通过声音表明自己是物质化的,物质概念保持着自己感性的实存。随着物质的内在振动,物质微粒互相摩擦,摩擦产生热,热是对物质的毁灭,物质是自燃的。物体通过重力和内聚性把自己表现为持存,现在又因为振动而转为对自己的否定,物体的硬性开始被扬弃,扬弃它的正是热。所以,热与声音直接相关,热是声音的完成,是物质对自身的否定。通常观念认为热与声音无关,但如果敲打一口钟,钟会发热,这种热并非来自外部,而是钟自身的振动引起的,乐器长时间演奏也会发热。

四、热

物体的第四个抽象个体性规定是热。太阳是燃烧的星球，地核的温度高达 6 000 摄氏度，这种热是物质自己产生的。

§303

物体是由多种物质构成，热使物体熔化为流动性的流体，使物体失去其特定的形式，所以热是物质在其无形式的、流动性状态里的自我恢复。热使得物质的抽象均匀性战胜了物体的特殊规定性，比如高纯度的钻石、黄金等。热是对物体的瓦解，这种瓦解应理解为物质的主动性运动，因为物质发热是它自己产生的。从空间形式看，热表现为膨胀，原先各种物质各种独立地被限制于一个物体中，这种限制被热扬弃了。

附释: 物体在外力冲击下的瓦解，只是消极的量的内聚性的瓦解。但热与质的内聚性有关，热深入物体内部瓦解物质各自独立的状态，把物质构成一个统一的流体，不过这种统一体是没有规定性的统一体。物体的这种瓦解是以内聚性为中介的，因为内聚性决定了物体有弹性，弹性能传导热，这种传导性毁灭了各物质的持存，所以说内聚性是物体瓦解的中介。

弹性是物体抵抗外力保持自己的持存，但弹性产生声音和热，声音和热是摧毁物体自身，这就是自身内矛盾的对立，是由保持自身持存转化为摧毁自身。在有机界，植物的生长开花，动物的体型变大，就是热向外扩展到现实存在的表现。

§304

物体的这种自我否定，表明物体的实存是不稳定的，不如说，物体的实存具有与他物的相通性或传导性，这表现在物体受热时会传导给其他物体。物体的受热是以比重和内聚性里自在的连续性为基础的,连续性是物质的本原规定性,物质的传导性表明,比重和内聚性不能保证物体不发生形态变化。

说明:金属拥有不间断的连续性,导热性最强。无内聚性的东西(如羊毛)或潜在的无内聚性的东西(如玻璃石头),同金属相比,是不良导热物体。空气和水没有内聚性,所以也是不良导热物体。知性认为,既然热有可传导性,热就可以与物体相分离,就存在着一种所谓"热质"的东西。比如瑞士气象学家戴吕克认为,阳光本身并不热,只有阳光在物体内部与物体结合为热质,我们才有热的感觉。对于热质的观念,我们应持保留态度。美国科学家伦德福关于摩擦生热的实验,证明把热视为独立存在的观念是错误的,热纯粹是物质的一种状态,物质有连续性,连续性使传导成为可能,连续性作为对比重和内聚性的否定,就变成发热活动。

附释:附释是针对知性所谓的热质的批判。声音和热是物质的现象,可传导性是现象的主要环节。有存在就有现象,内聚性的物体是存在,热就是它的现象,是对内聚性的瓦解。因此热自身并不是一种可以与物质分离的独立存在,而是对内聚性物体的实存的一种否定。不过这种否定是物质化的,是一种现实的现象,具有普遍性。热作为对内聚性物体的否定,是一种对物质持存的消极性,热不是自为的,它是依赖他物的。

热具有传导性,传导要靠物体的面。物质概念中潜在地就有消极性,即热对内聚性的否定,潜在的东西必定要显现出来,显现也必定具有现实性。有的物体自身有发热源,有的物体没有。一个发热的物体,把热传导给另一个自身不发热的物体,这种传导表明热没有自我,要依赖他物传导。与此相反,重力是物体的自我,重力不能传导。

知性思维往往认为，能引起感性印象的东西，背后必定有其感性存在，因而出现热的地方，就必定有热质这种东西。伦德福的实验证明热是由强烈摩擦产生的，不存在所谓的热质。热质同声质一样，是知性形而上学在物理学中虚构的东西。

§ 305

这一小节讲热容率。热在各不同物体的传导，只表明热穿透物质的连续性活动，给不同的物体以同等的热，并不能保证各物体的温度是同等的。热与物体的比重和内聚性相关联，这个关联就是热容率。

说明：所谓的热质就是在热容率基础上产生的，尽管热质没有经验上的根据，但知性还是假设有一种独立于物质的热质。当我们问，热何以会消失时，知性解释说热质隐藏了；当我们问，热何以会产生时，知性又解释说热质是不可察觉的状态。这种把热看作独立于物质的热质说，是完全违背经验的。

我们说热就是比重和内聚性之改变的外在表现，这有经验的证明。发酵、化学过程、结晶和结晶的分解、机械振动、敲钟、击打金属、摩擦，这些比重和内聚性的变化都会导致发热。摩擦会使一个物体对另一个物体迅速挤压，挤压的突变就是物体发热燃烧。有比重和内聚性的物质必定会发热，这是物质概念的规定性，也就是说，物质概念本身就设定了对自身的否定，这种设定就是物质的传导性。在热这个课题上，我们也必须以思辨的概念思维替代知性的片面思维。

附释：我们给不同的物体以同样的温度，物体的温度不尽相同。比如，严寒下，铁比石头冷得多；酷热时，水比空气冷一些；要让水和水银提高到同等温度，水需要的热是水银的 13 倍。这样，在传导热时，物体表现出自己的比热，即物体升温所需的热，比热的单位是焦耳。这就产生了一个问题,比热是物体怎样一种内在特性。物体有许多特性,如内聚性、点状性、线状性、面状性,还有比重,但因为热扬弃了物体所有的特性,作为还持存着的液态物体,就只剩下比重,因此热容就只同物体的比重有关。

热容同比重的关系是反比,比重大的物体比比重小的物体更容易发热,或者说,在相同温度下,比重大的物体更热。于是知性解释说,在比重大的物体中热质是潜伏的,在比重小的物体中热质是自由的。对石油醚蒸发引起寒冷,知性说这是热变为潜伏了。要把冰加温还原为水,知性也说热质潜伏在冰里面。当许多现象充分说明内聚性的变化是热的发源地时,知性仍然坚持热质潜伏说,他们既然创立了热质,就不愿放弃它,所以时不时地以热质潜伏来解释一切现象。

物体具有自己独特的个体性,比重只是个体性中的一个规定性,决定热容的不只是比重,还有物体其他的规定性。在金属中,比重对热容是主要因素,但在有机体中,比重与热容的关系就不那么重要。

我们已经从内聚性出发,对物体的发热做了考察,归纳起来有两点:其一,物体的振动是物体发热的源头;另一,摩擦导致物体发热。

§ 306

热是对物体的瓦解,不过这种瓦解还是抽象的,真正的瓦解是燃烧的火,火是现实的热,火的燃烧受到物质(燃料)的限制。物质概念中本身包含着自燃,火的燃烧就是物理概念的实存,火是自由的实存,这种实存是对物质的否定。火表现为光,这种光是火焰,燃烧要靠燃料,同时又是对燃料的否定。火最初是从物质中产生的,现在它受物质(燃料)的制约,它在消耗物质的同时,也消耗了自己。

附释:光本身是冷的,高山顶比地面离太阳更近,但山顶气温比地面低。阳光只有触及物体才发热,就是说,触及物体才是阳光瓦解物体和发热的开始。

§ 307

现实的物质就是有形式的物质,形式就是物质的概念,概念包含各种规定性,如比重、内聚性、声音(振动)、发热。概念都要外化,概念最终外化为热,热瓦解了概念的实存。实存固然被摧毁,但概念也就是物质的形式依然得以保存,并作为整体性统领着物质的各项规定性。所以我们将要进入下一章——整体个体性物理学。

附释:之前我们分析了物体的四种抽象个体性规定,下面我们将要转向对现实个体性的分析,现实个体性也就是整体个体性。现实个体性概念由两个环节构成,即形式和物质的流变,形式是内在的,流变是外在表现,形式渗透和规定着物质,形式支配物质的流变。物质原先只是占据空间的点线面,形式把它们作为内容纳入自身;声音是物质的灵魂,形式把它转化为热,让热瓦解物质;形式具有贯穿性,比重就是靠这种贯穿性融入物质的;形式通过内聚性表现为物质的实存,内聚性引起物质发热,最终否定了形式。指出这些形式的外在表现环节是容易的,但要说明这些外在表现符合概念的规定性,要把这些规定性与现实个体性分离,单独考察这些环节是困难的。因为从逻辑上来说,现实个体性的各规定性应该先于现实个体性,也就是说先有比重、内聚性、声音、热这些规定性,然后才构成现实个体性;但从时间上来说,形式作为统一性统领着这些规定性,也就是说现实个体性先于各规定性。因此下面我们将要从整体个体性的角度来考察物质。

第三章　整体个体性物理学

§ 308

黑格尔的哲学思想，物体是概念的外化，因此概念作为物体的整体性，最初是潜在的和无形的。物体中的各种物质是分离的，现在概念被设定在物体中，概念就是物体的中心或灵魂，取代了引力中心，主导各种物质集聚在物体中，并按照概念的主导发展变化，这种物体就是整体个体性物体，这一章要分析的就是这种物体的各种规定性。概念是物体的形式规定，形式决定物体的发展变化，物体在这个发展变化的过程中，是自身同一的和自为的，同时又是有条件的，与他物有关联的。物体在发展过程中，不断扬弃自己的外在形态和有条件性，最终成为自为存在的实存，这种实存潜在地就是生命，并在概念中转化为生命。

附释：亚里士多德第一个提出物体的两个环节，即形式和质料。比如，砖由泥土构成，砖是形式，泥土是质料，房子由砖砌成，房子是形式，砖是房子的质料，形式与质料就是这样相互转换的。从概念外化的角度看，所有物质作为质料必定会按形式要求集聚为物体。我们在第一章中得到的是个体性物质，在第二章中得到的是与引力中心相抗衡的个体性物体，在第三章中要分析的是一种回归到自身的整体个体性物体。这种物体有三种形态或规定性。

§309

第一种形态是磁,这是整体个体性物体的现实存在的抽象原则;第二种形态是电,这是整体个体性物体自身的差别;第三种形态是化学过程,这是整体个体性物体的实在性在化学方面的差别,是一种关系,也就是说,是以他物为自己的环节实现自身的个体性。

附释: 物体的形式与形态是有别的,形式是具体的概念,是主导物体发展变化的内在精神,形态是物体外在的显现,物体内在的形式是不变的,外在的形态则始终在转化中。形态的转化就是物体不断地回归自身,即回归概念,这种回归同时也使物体向更广阔的领域转化,化学过程就是物体向有机领域的转化,创造出生命。

一、形态

§310

一个整体性的物体,无论其内在物质的协合,还是其外在的形态,都由其形式所决定,形态是形式的外在表现。

说明: 不可将形态理解为仅是物体各外在部分的组合,形式是本质,形式决定物体的形态,形式构成物体的自我统一性。

附释: 物体的外在形态受内在形式必然的支配,形式对内和对外组织起物体。就形态来说,无机物与有机物不同,有机物是曲线形态,无机物直接呈现的是直线形、平面形和特定角度,这是无机物自在自为的内在形式所决定的。

进一步深入考察,无机物的形态分为三类:(一)形态的抽象环节,或无形态的形态;(二)形态的严格规定环节,即正在成形尚未完成的形态,这就是磁;(三)现实的形态,这就是结晶体。

(一)形态的抽象环节

§311

形态的抽象环节就是直接的形态,一是点状态,点状物质构成脆性物体,另一是自成球形的流体,它们都是内部无形式的形态。

附释:形式作为主宰者,其对形态的规定性首先是点,由点形成线,再由线形成面,继而形成立体形态。由点状物质构成的物体是脆性的,脆性东西是易碎的、单一的东西,比如白金其内部就是这样的颗粒状。另一种形态是球形,球形是自由摆动的普遍形态,因为大气压力在各方面对球形都是相等的,所以自由的天体都是球形的。形态不应该只是抽象的东西,它应该是一种现实性原则,就是说,是物体的现实性整体。

(二)形态的严格规定环节

§312

脆性物体是由点状物质集聚而成的,点首先转化为线,再由线转化为面,因而脆性物体中就有线,线就有两端,这就在该物体中设定了概念的差别,这就是磁性。磁的两端项(两极)没有自己的持存,只能存在于彼此的关系中,也就是两端项和中项的关系,这种关系是有严格规定的。

说明:磁是概念的外化,外化就必定要显现,磁体就是这种显现。磁性是一条直线的两极,这个两极不具有感性实在性,只是一种观念的实在性。磁体是个统一体,磁的两极是这个统一体的两个环节,两极不可分离,一极的存在取决于另一极的存在。磁针的一极指向南方,另一极指向北方,这是地磁作用的表现。认为一切物体都带有磁性，这种看法不尽正确，一切实在的形态都包含磁的规定性，但并非一切物体都表现出磁性规定性。

附释：

（1）磁的形成。形式把点状物质集聚为物体，同时也赋予这物体以差别性。点与点本身没有差别，但点构成线后，线就有两端，两端就是差别，磁的两极就是这种差别。磁的活动就是把不同物质置于统一形式下的内聚性，磁在建立统一性物体的同时，也把差别设定在物体中。

（2）磁的表现。关于磁的表现，我们不能用感性只能用观念来理解。我们必须把磁的现象与磁的概念加以比较，以便看这些现象是否符合概念。磁有两极，但它们是同一的，也就是说，一极只有与另一极相关联，它才存在，没有另一极，它就没有任何意义。我们把磁铁切成两段，不会产生一段是北极，一段是南极，每一段都完整地包含南北两极。如果我们把一根不带磁性的小棒靠近磁铁，这根小棒就会一头指向北极，一头指向南极，小棒获得了磁性。如果我们在小棒上放一些铁屑，逐渐向小棒中央移动，会达到一个无差别的点，在这个点不分南极和北极，就是说不再出现吸引和排斥。把磁铁与地球相比较，我们会看到，磁铁的一端指向北极，另一端指向南极，两块磁铁的两个北极是互相排斥的，两个南极也是互相排斥的，而一块磁铁的北极与另一块磁铁的南极则是互相吸引的。磁铁向北是从太阳轨道推导出来的，而非磁铁特有。在此我们必须认识的，磁铁上指向北极的那一端，恰恰是磁铁自身的南极，因为只有磁铁的南极才能被地球的北极所吸引，因而中国人把它叫指南针也是有道理的。磁铁上有许多南北向的轴线，地球上也有许多磁轴线，它们没有一条是同地球自转轴线完全重合的，因此磁针的方向虽然接近于地球子午线的方向，但并不准确地与子午线重合，或是向东或是向西偏角,偏角在不同地区不同时间是不相同的,这是一种普遍的自然事物的振动。磁是地球上普遍的东西,这种东西在任何地方都是作为整体而存在,南北极两个点就是从这个整体中产生的。

(3)磁性主要出现在铁上,这与铁的内聚性有关。铁的内聚性表现出较强的形成形态的趋向,内聚性把点状物质联结为铁矿石,铁既有点状性,又有较好的连续性,这种点状性和连续性的平衡,是铁出现磁性的原因。磁铁内在的点是无差别的,但它的南北两极却有差别,自然界就是这样把它的抽象性展现在个体性物体上。据洪堡特在拜罗伊特附近的矿层中发现,某些磁矿石虽有磁性,但不磁化其他铁;磁矿石在矿坑里时不带磁性,被采掘出来后,才会带上磁性;磁性应该跟光和大气的刺激有关。

(4)磁性在什么情况和条件下表现出来。铁熔化为铁水时失去磁性;铁被氧化成为铁锈时没有磁性,因为它的内聚性被破坏了;锻铸过的铁容易带上磁性,但又同样会迅速失去磁性;钢很难磁化,但能牢固保持磁性。磁不是固定不变的,磁的产生和消失表明磁具有可转移性。摩擦会使铁产生磁性,敲打和振动也会使铁产生磁性,甚至铁棍长期树立在户外也会磁化。事实上要铁完全不带磁性,并保持这种状态,是非常困难的,只有把铁烧红才能做到。如果把一根铁棍平衡地悬挂在空中,一旦它磁化后,它的一头会下沉,它的北极端向地球北部下沉,南极端向地球南部下沉,越接近地球两极,下沉越厉害,到达地球的南北极地时,铁棍就会竖立起来,这是随地点时间变化的磁倾角。磁倾角表明磁是重力,铁棍下沉的一端的质量变得比上翘一端的质量更重。同样,地轴也有一个相对黄道的倾角,不过这属于天体领域的规定。

钟摆的摆动同磁也有关系,摆动在不同的地方表现不同,它的比重在两极比在赤道更大,摆动是一种运动量,这种运动量越接近两极越大。摆动实际是离心力和向心力的关系,这两种力其实是同一种力,摆动的运动量在不同纬度有差别,这是重力的特殊性。因此在地球上,普遍性与特殊性要分开来考虑。

§313

形式首先存在于抽象的有差别的同一性中,因而这种差别还没成为实存,就此而言,形式作为一种机械过程的内在活动,仅是与地点有关的规定性,也就是说,磁作为物体内在的形式规定,它不是实际存在的物,只与地球上的地点方位有关。

说明:这里应该谈一谈磁与电、与化学的同一性问题。在黑格尔的当时,物理学界把磁与电和化学过程看作同一的,因为电和化学过程与磁性相似,都有相对立的两极,因而产生了一些新名称,如电化学作用,或磁电化学作用。黑格尔认为,以前把磁、电、化学作用完全分离,彼此毫无联系,这固然不可取,现在把它们看作完全的同一,彼此没有差别,这是从一个极端跳到另一个极端,同样不可取。我们既要看到它们的同一性,也要看到它们的差别性,这只有通过概念来理解。

附释:我们在上一小节谈到磁的活动的规定性,这个规定性仅仅是物质在空间中的关系,而非物质自身特殊的规定性,所以磁的变化只能是运动,运动就是在空间中的变化。磁的活动不同于物体向地球中心坠落的重力运动,也不同于天体围绕引力中心的旋转运动,磁的活动是物体内部向地球两极方向的直线活动。磁的活动分裂为吸引和排斥,磁本身有统一性,不过这个统一性是潜在的同一。这种同一就是磁体中央的静止点或平衡点,对立的两极分别处于静止点的两端,两极不能互换,又始终同时存在着。所以磁体就是同一个物体，它既被规定为吸引，又被规定为排斥。

电与磁的关系，是1800年伏特在电池组中发现的。物理学把现象的同一性与概念的同一性相提并论，哲学不能接受这种肤浅的看法。哲学认为，磁是物体内在的形式，电与化学过程只是这种形式的外在形态或表现。在某种情况下，电的流动也会产生磁的两极，不过两极在电里是完全对立的实存，而在磁里则不然。电的推动带来的磁性，正表明了物质的对立和统一。化学过程是真正形成个体性形态的过程，其中也有电的活动，不过电的活动不产生产物，而化学过程产生产物。电的流动使物体带磁，并推动物体旋转，这时物体会发生倾斜，倾斜角与磁偏角相同，这是黑格尔同时代的德国物理学家爱尔曼发现的。化学的两极性与磁的两极性是相交的，前者是东西两极，后者是南北两极。

§ 314

形式的活动就是概念的活动，这种活动把同一的东西设定为有差别的，把有差别的东西设定为同一的，前者是排斥，后者是吸引。形式存在于一个物体中，规定了这个物体有互相对立的两端。

说明：磁的规律是这样的：同极相斥，异极相吸。怎么规定同极？这要靠第三者。A、B两块磁铁的一极，被第三块磁铁C排斥或吸引，那么A、B的这一极它们就是同极。但第三者C也要通过这种方式来规定。所有这些规定都是纯粹相对的，没有感性的现实存在。同极相斥、异极相吸这种现象，就表现了磁的本性，也就表现了概念的本性。

附释：这就产生了另一个问题，磁排斥的是什么，吸引的是什么？两块磁铁在一起，A的北极排斥B的北极，A的南极排斥B的南极，反而是A的北极与B的南极相吸引，A的南极与B的北极相吸引，这就表明形式把差别设定为同一。磁就是这样的，同一的东西恰恰就其为同一，而把自己设定为差别，差别的东西恰恰就其为差别，而把自己设定为同一，这就是能动的概念。

磁是内在形式与形态流变的中间环节，内在形式是固定的，流变则是连续进行的活动，形式决定物体的流变，比如水的流变就有固态、液态、气态，这是由水的形式决定的。磁的活动把物体分离为两极，但概念把这种分离结合为一个整体。

（三）现实的形态

§315

形式活动造就物体的形态，规定该物体为结晶体，这个结晶体就是地球。地球是个整体，在地球里，磁的活动安息下来，原先抽象的直线运动现在变为平面和曲面运动。在这里起作用的是内在形式，一方面形式把地球限定为球状结晶体，另一方面，形式使点状物质具有连续性，结晶为一层一层的层理结构。

附释：磁和球形的统一体就是地球，磁在地球里变得安息，由原先的非物质性变为了物质性的东西。磁转化为地球这个结晶体，由原先的直线运动转化为球形空间，把自身的两级差别表现为曲面的规定，因而现在我们得到的是一个独立的定在形态。所有形成形态的活动，其中必有磁在起作用，因为成形活动就是空间的限定，这是自然界固有的生命原则，这条原则就是把不同的部分连接起来的造形活动。

物体的内在形式，是自然界自身的内在合目的性，是物体的必然性，目的性把物体的各部分统一为一个整体。磁不是内在合目的性，因为磁的两极还是对立的；在结晶体里，尽管每条直线各不相关,但它们在一个统一体内,内在目的性就是这种统一性。我们不能把磁体切为南极北极独立的两段,结晶体可以,结晶体的差别已经发展为静止的持存。结晶体有其外在的形态,从外部看,结晶体是一个封闭的整体。结晶体也有其内部形态,首先它是分为一层一层的,被称为层理结构;其次它内部的立体形态是固定的,比如在马达加斯加岛发现的矿物晶体,它的内部永远保持着六角形,方解石内部永远保持菱形。这说明形式像灵魂一样渗透到结晶体的整个内部,形式不仅决定着物体的外部形态,也决定着物体的内部形态。

二、个体性物体的特殊化

§ 316

个体性物体是个整体,它由各种有差别的物质构成,个体性物体把它们作为属性包含在自身。这些有差别的物质无非就是水火土气四种物理元素,因而属性就同物理元素有关系,这就构成了个体性物体的特殊化,个体性物体的特殊的规定性就是物理元素的区分。

说明:古希腊人认为所有的物都由四种元素组成,如果把四种元素看作四种物质,尽管显得肤浅,但这也表达了概念的规定性,即个体性物体是由多种物质构成。其次,四元素的看法既然出自理性,就不会在四元素之外探索物体的构成,能从个体性上升到普遍概念,这也是理性的功绩。

附释:在结晶体阶段,形式只是造就了物体在空间的形态,尚未涉及个体性物体自身内的差别性,因此现在就是个体性对物理元素的重构。个体性物体是土元素,土元素是气、光、火、水的统一,这些元素在个体性物体中的存在方式就是个体性物体的特殊化。光相当于气,光在物体中就是颜色;火作为个体性物体的一个环节,就是物体的气味;水作为中和状态,就是物体的滋味。颜色、气味、滋味这些属性,并非独立自为地存在,而是属于一个实体的,它们彼此互不相关,作为属性存在于个体性物体中。属性与其本原元素保持着关系,没有光就没有颜色,气味与气有关,滋味与水有关。

颜色、气味、滋味不仅在客观上是物体的物理属性,而且同人的主观性有关,这些属性对应人的感官功能。现在我们要探讨的是,物体与人的感官功能为什么有关系? 哪些客观属性与人的五官功能相对应? 对应于人的听觉触觉的客观东西在哪里?

关于物体与人的感官功能的关系,说明如下:a.人是有感觉的生物,也是有思维的生物,人在感觉对象事物的时候,既保持自己的自由,也保持对象自我相关的自由,这是感觉与对象的真正的理论关系,对象作为物理的整体是为人的感觉而存在的。b.声音能引起人感情的波动,因此听觉是观念性的;触觉是以物体的持存形态为对象的,因此触觉是实在性的。通过触觉和听觉我们得到物体的整体性形态,而通过视觉、嗅觉、味觉我们得到物体的差别性形态。

个体性物体是个整体,但它自身分化为各种差别性属性,各种属性与物理元素有关联。所以我们下面要讨论的课题是这样的:1.颜色,这是个体性物体与光的关系;2.气味与味道,这是物体中有差别的属性;3.电,这是两个个体性物体的一般差别。也就是说,我们下面要考察的是个体性物体的属性。

(一)颜色;个体性物体与光的关系

§317

在成形的物体中,最初的规定性是物体的自我性,即物体个体性的自我表现,物体自身不发光,这种自我表现就与光有关。

1. 物体作为纯粹的结晶体是光的媒介,其内在的均匀性是透明性

说明:构成气的内在无内聚性的东西,现在构成个体性物体内部的均匀性,因而个体性物体可以看作既是透明的,也是不透明的,或半透明的。透明性是结晶体的初始规定性,这种物理的均匀性还没有特殊化。

附释:物体的形式决定它的外在形态,形态的最初规定性就是它同光的关系,这种关系就是物体的颜色。颜色一方面为物体所具有,另一方面只是浮现在物体外表,它是物体的显现,完全靠光和暗的对比为其基础,这就是说,颜色是一种视觉现象,与我们的眼睛有关。颜色既是客观的,需要外在的光,又是主观的,依赖我们的视觉。因此,首先,必须把个体性物体与光的关系视作同一性,即形式的普遍的透明性;其次,这种同一性是特殊化的,是两个透明媒介的比较,即折射,在折射里,媒介不是完全透明的,而是有特殊规定的;最后,我们必须把颜色视为物体的属性,这就是金属。

关于透明性应该指出,不透明性或黑暗属于土元素,透明性属于气、水、火元素。不过,透明的元素与透明的结晶体不同,透明元素没有自己的个体性,透明结晶体则是个体性物体。物体的透明性是由形式决定的,物体内的物质如果是纯粹单一的物质,不存在任何杂质,这种均匀的等同性就是透明性,钻石就是如此。反之,如果物体内的物质不是纯粹单一的而是复多性,物体就由透明转为不透明。玻璃破碎后转为粉末,水变成泡沫,冰如果加以粉碎,它们都转为复多性,因而变得不透明。不透明就是白色的东西。硅土含有杂质,如果提纯就是水晶,黏土提纯就是云母,提纯就是达到物质的单一性,因而水晶和云母都是透明

的东西。有些金属之所以是半透明,因为它的单一性纯度还不够。有些宝石透明但有色,因为它含有其他成分的物质。

§ 318

2. 透明媒介最初的规定性是它的比重

比重是靠比较得到的,所以透明性也必须通过比较才能得出,比如空气与水的比重(密度)不同,因而透过它们看到的物体的位置就不尽相同。

说明:单独一种透明媒介,是无法对它的透明性做出规定的,唯有将两种不同比重的透明媒介进行比较,比如空气和水,看物体透过它们呈现怎样的现象,才能对它们做出规定。

附释:一个物体透过透明物呈现出自己的现象,这个透明物就是媒介,比如空气或水,我们现在要考察媒介的可见性规定。透过透明媒介呈的物体现象,一是光的折射,二是很多结晶体显示的双像。

尽管空气和水都是透明媒介,透过空气和水都能看到其他物体,但因为它们的规定性不同,在空气中看到的物体的位置,在水中会有变化。比如在鱼缸底部放一颗鹅卵石,鱼缸中没水时,你看到它在这个位置,当鱼缸放满水,它会变到另一个位置。再比如一根筷子插在水中,空气中的上半截与水中的下半截看起来是断的,这就是光的折射,引起折射的原因,是因为空气与水的比重不同。我们眼睛的第一视觉空间是透明的空气,第二视觉空间是透明的水,因为水的比重比空气大,所以产生了光的折射现象。折射的强度以透明媒介不同的比重为转移,一般说来,比重较大的媒介引起较大的折射,不过这也不尽然,要看媒介的其他特性,比如明矾与硫酸盐比重基本相同,但折射有明显的区别。

§319

透明媒介比如空气、水、玻璃,它们的透明度取决于密度(比重),它们之所以具有透明性,因为它们内部物质是均匀等同的,所以是内在形式决定了透明性。还有一种结晶体,它的内在形式不是均匀等同性,而是偏菱形,这就是方解石一类的晶体。方解石是一种碳酸钙矿物晶体,敲击方解石可以得到很多方形碎块,故名方解石。无色透明的方解石叫冰岛石,这种方解石有一个奇妙的特点,就是透过它可以看到物体呈双重影像,这就是双折射。所谓双折射,即一束光投射到晶体表面,会折射出两束光束。

说明:方解石的内在不是均匀等同性,而是偏菱形结构,这种透明晶体由于其内部形式的规定,会产生光的双折射。歌德在他的《论自然科学》一书中说"在菱形方解石中可以明显看到双折射现象"。

附释:冰岛方解石中会显现出两个图像,一个是通常的折射,另一个是非常图像。这是因为方解石内在的形式决定了它独特的表面,而独特的表面就产生出双折射现象。海市蜃楼也属于这种双折射现象。

§320

3. 物体内在的均匀等同性,是造就物体透明的原因

物体内在的点状性,不同于这种均匀等同性,是物体变暗的原因,因而使物体由透明转为非透明,这种由亮转暗的过程,产生出颜色。这里需要说明一下,牛顿在 17 世纪 60 年代用实验证明,光是一种折射率不同的光线的组合,一种折射只产生一种颜色,白光透过棱镜可分解为红橙黄绿青蓝紫七色,通过凸透镜

又可把七色还原为白光,因此颜色既是一种单独的颜色,又可以由这些颜色组成白光。歌德坚持亚里士多德的陈旧观念,认为颜色是光与暗结合的产物。因为歌德的观点符合自己的辩证原则,黑格尔站在歌德一边,极力反对牛顿的观点。下文仅是对黑格尔观点的解读,并不表示他的观点是正确的。

说明:光与暗是两个对立的存在。物体内在的点状性是与光相反的力,这是物体由亮转暗的原因,即由透明转为非透明,金属内在的点状性决定了金属都是有颜色的物质。颜色是怎么产生的?光在由亮转暗的过程中产生颜色,导致由亮转暗与物体的密度和内聚性有关。玻璃是透明的,变成碎片或粉末,它的内聚性改变了,它就不透明了。化学过程也能使物体由亮转暗。最著名的由亮转暗材料是棱镜。牛顿固然通过棱镜发现了颜色,但他忽略了棱镜能把光由亮转暗这一现象。这些都是外在因素导致的物体变暗,而我们要分析的是物体本性内在的变暗,关于这种变暗,歌德的发现是最符合辩证概念的。

附释:究竟是什么产生颜色?这有两种观点:以牛顿为首的一派认为,光是复合的东西,光里面存在着原始的各种颜色;黑格尔支持歌德的观点,认为光是一种简单的东西,由亮转暗或由暗转亮的过程,产生各种颜色。歌德和黑格尔一派的观点具体地说就是,光与暗是对立的存在,颜色产生于光与暗的结合,纯粹的光和纯粹的暗都是子虚乌有。棱镜之所以能显现七种颜色,因为棱镜把光减弱了,使光由亮转暗。不通过棱镜也能产生颜色,比如在月光下点燃一根蜡烛,在两种光照中立一根小棍,小棍的阴影被两种光照亮,即是说,月光产生的阴影被烛光照亮,烛光产生的阴影被月光照亮,于是我们得到蓝色和橙色;如果屏蔽月光,点燃两支蜡烛,则得到清晰的黄色。这就表明不同的亮度产生不同的颜色。

牛顿一派在一块圆盘上涂上七种颜色,使圆盘飞速旋转,就会只看到白色闪光,以此证明光是由七种颜色组成的。这不能证明任何问题,因为眼睛在圆盘飞速旋转情况下无法分辨各种颜色,就像人在头晕目眩的情况下不能正确分辨对象的表象一样。

牛顿一派对颜色的知性反思是这样的:

他们从棱镜中看到不同的颜色,就断定各种颜色具有不同的折射,因而每种颜色都是原始的独立存在,棱镜刚好把这种独立存在的差异表现了出来。他们不知道棱镜的不同密度使光产生了由亮到暗的排列,正是这种由亮到暗的变化过程产生了颜色。因此,认为棱镜显现出了独立存在的颜色,这是个粗暴的结论。

牛顿进而主张,红橙黄绿青蓝紫七种颜色是独立的和不可分解的,这也不能令人信服。谁都知道,紫色是蓝与红的混合,绿是黄和蓝的混合,橙色是黄和红的混合。画家只拥有红黄蓝三种原色,就能调出各种颜色。无论是谁,只要看看光谱,就会知道七种颜色之间没有固定不变的界限,两种颜色的交界重叠处会产生第三种混合颜色。

牛顿的第三种观点,后来被毕奥做了进一步的扩充。他把一块透镜压到玻璃上,会看到一个圆圈以相互重叠的方式形成彩虹,证明不同的颜色有不同的冲动(力),这种冲动能让光线穿过。这是把单纯的现象认定为规律,是极其空洞的观念。

关于颜色,真正符合概念的说明应归功于歌德,他对颜色现象做了详细的观察,他的基本思想是这样的:

光与暗是一种纯粹量的关系,光与暗是两种对立的自为存在,白色是可见光,黑色是可见暗,灰色是它们的此消彼长。光与暗的另一种更加确定的关系,光与暗都是固定的存在,光与暗的结合,或者说光由亮转暗的过程中产生出颜色,这种由亮转暗的过程是一种致暗作用,这就是有差异的同一性。比如纱布是白色的,透过纱布看黑色物体,该物体是灰色的。光与暗不仅相互结合产生颜色,物体的背景也影响颜色。比如烟囱里的烟,在白色天空背景中是黄色的,在黑色树林背景中是浅蓝色的。

既然致暗作用产生颜色,那么第一种致暗作用是棱镜。棱镜会产生图像的叠影,这种叠影就是致暗媒介。方解石中有两个图像,一个是正常的折射图像,一个是非常图像,非常图像就是致暗媒介。这就是概念的辩证法,概念中既有肯定又有对自己的否定,光在自己内部包含着对自己的否定,即致暗媒介。

我们即便近距离观看一个对象,对象的边缘线也是双线,一根由暗物造成的暗线,一根由光造成的明线,由于明暗互相交界,你才能判断对象的空间界限。衍射现象也同样,当光透过隙缝射入暗室,一根头发也会被看成两根。由此可见,光与暗既是对立存在,又是不可分离的,由于它们的相交形成界线,对象的界限才能被看清,这也证明光自身带有致暗媒介。

颜色现在是现实的、有规定性的、自身包含差别的概念。按照舒尔茨的说法,黄、蓝、红是三种基本颜色:黄色的基质是光,自身带着致暗媒介,因此太阳看起来是黄色的;蓝色的基质是暗,自身带着明亮的媒介,因此天空看起来是蓝色的;红色是黄与蓝的中介,如果黄被渗入暗,或蓝被渗入亮,就会变成红色。

要体验客观的颜色还需要主观的眼睛的配合。黄色需要紫色,橙色需要蓝色,红色需要绿色,歌德称这些颜色为补色,这是一种生理现象。如果我们长时间看红色,闭上眼睛眼前会出现绿色;我们在绿色草地上呆久了,再看树木和林荫道是红色的;这就是主观的补色现象。

第二种致暗作用是点状性,玻璃是典型的点状性物体,所以玻璃会产生致暗作用。

眼内颜色，歌德对此有过说明。我们将一块立方体的玻璃放在黑色基底上，使之面对阳光，玻璃上会出现阳光反射，如果我们面朝西站立，会看到玻璃四角是暗点，中央是白色十字，如果面朝南站立，会看到四角是亮点，中央是黑色十字。当出现四个暗点白色十字时，致暗作用会引起蓝色；当出现四个亮点黑色十字时，致暗作用会引起黄色。这是玻璃的点状性引起致暗作用，致暗作用产生颜色。

干涉颜色。当我们把透镜压着玻璃板，最初是黑色，如果加强压力，则会分化为绿色、红色、黄色的圆圈。在冰上压以石块，也会发生同样情况。这是外力导致玻璃内聚性的改变，引起致暗作用，产生颜色。

内聚性的改变进一步发展下去，会得到蜕变颜色。给方解石加压，它会形成细微裂痕，颜色会转化为彩虹色，这也是致暗过程，是透明物体内部的协合性受到了干扰。

第三种致暗作用是物体固有的颜色，主要指金属。结晶体内部是一种均匀的同一性，它显现为透明的，所以光能穿透结晶体。金属内部是点状性的，点状是一种致暗过程，由于不同的点状产生不同的致暗作用，所以金属都有各自独特的颜色。比如金是黄色的，铁是发黑的。一切有色的东西都跟金属有关，据说从植物提炼出来的靛蓝染料中就有金属成分，血液的红色与铁质有关。金属受热会变色，溶解银时，银水会发出闪光；加热钢，它先是发黄，随着温度提高，逐渐变红，继而转为深蓝色。这种颜色的变化应该与密度变化有关。从化学意义上讲，金属会被氧化，比如铅被酸氧化后变为白铅。颜色作为物体的属性，必须有一个附属的主体，因而颜色也是为它存在。从这个意义来说，颜色是为我们的视觉而存在，光是颜色的本原，光的由亮转暗产生各种颜色,这只有我们的视觉能捕捉到。

我们应该重视歌德对颜色现象的观点。歌德的观点之所以没得到足够的重视,因为他不是科学家只是诗人,人们习惯于盲从牛顿一类的科学家,而忽视了圈外人正确的观点。

(二)气味与味道;特殊化物体中的差别

§ 321

物体的差别性属性首先是气味。气味的本原是火,气味是燃烧的产物,这种燃烧就是物体在空气中的氧化,因而与空气有关,空气是对物体的否定。空气对物体的氧化,就是物体把自己的气味散发到空气中的过程。

说明:气味作为物体的一种属性,必然要散发到空气中,散发就是一种燃烧,即空气对物体的氧化。

附释:颜色是个体性物体与人的视觉的对应,气味是个体性物体与人的嗅觉的对应。所有的物体都存在于空气中,所有物体都有气味,在空气对物体的氧化作用下,物体的气味散发到空气中,这就构成我们的嗅觉与气味的对立或对应关系。物体的气味散发到空气中,这是两种物理元素之间的联系,氧化的原因是空气,氧化的现实表现是燃烧即火。

§ 322

物体的另一个差别性属性是味道。味道是物质呈中和性状态的产物,也就是说,唯有物质溶解于水,我们才能感受到味道。因而这种属性与水元素相关联。

附释:物体的第三种属性是味道,作为中和性的东西,味道又扬弃了对水元素的关系,返回到自身,这就是说,当盐溶解为盐水,你的味觉感受到的只是盐的咸味,而不是水的味道。水本身是没味道的,只有个体化了的中和性状态才有味道。

颜色、气味、味道是个体性物体特殊化过程中的三个规定。这些规定最初是物体的属性与物理元素相关联,颜色与光关联,气味与气和火关联,味道与水关联,物理元素是普遍性,是物体属性的开端。这表明普遍性是一种无法抗拒的渗透性,普遍性是特殊性的本质,普遍性潜在地包含在特殊东西里。

(三)电;特殊个体性中的整体

§323

各种物体按照其特殊性来说,与各物理元素有关,但作为业已成形的整体物体来说,物体与物体间彼此有关系,这种关系就是电的关系,物体带电是物体的物理性属性。有的物体带正电,有的带负电,带不同电的物体间的关系是一种紧张的物理关系,它们的接触会产生电火花,物体把自己的自我性表现为光。

附释:电与声音不同,声音是物体的内聚性造成的,内聚性是物体机械性的自我保持。电是物体物理性的自我保持,通过放电以保持自己的存在,放电需要两个物体(玻璃棒与裘皮)的摩擦。电与磁也有所不同,磁是一个统一体上自己分为南北两极,每一极都离不开对方,电则是一个统一体带正电,一个带负电。

§324

太阳系中只有四种物理元素,物体必然以这四种元素为自己的本原,因此每个物体的本原都是光。既然物体是个独立的整体,物体间的差别就是光的差别或对立,光的外在显现是电,因而物体或者带正电,或者带负电,这就构成物体间的差别。

说明:要理解电的概念,首先必须认识到任何物体的本原都是光,而电只是光的外在显现;其次必须理解光是潜在于物体中的,电是光的现实存在。电被分为正电和负电,是吸引和排斥的活动,这就确立了电与磁的联系;另一方面,这种活动是物理活动,表现在电的传导和电的感应现象中。

附释:知性认为存在着一种所谓的电质,物体仅是电质的载体和导体。对此黑格尔认为,太阳系中物质存在的方式只有四种,即气态(光)、燃烧态、液态、固态四元素,那么任何物体必然带有元素规定。所有物体中都有光元素,电就是光元素的显现,因此带电是物体固有的属性。有的物体带正电,正电的火花是蓝色的,有的带负电,负电的火花是红色的。正因为不同物体带不同的电,它们间的关系是紧张关系,一旦接触摩擦就会放电,放电是光外在的显现,也会产生气味和味道。

物体产生正电和负电,这同物体的物理属性有什么关系?摩擦产生电,不同物体的导电性能尽管不同,但什么物体产生正电,什么物体产生负电,这同物体的物理属性似乎没什么关系。比如,玻璃与毛织品摩擦产生正电,与猫皮摩擦产生负电;坚固干燥的动物性物质与粗糙的金属摩擦产生负电,与平滑的金属摩擦产生正电。电像磁一样有吸引和排斥,异极相吸,同极相斥,也就是说,一种物体只能带一种电,这种电把另一种电规定为对立面,物体在电里达到了独特的现实存在。

电还有一种感应现象。把一个圆柱绝缘导体 B 放到带正电物体 A 附近,两个物体并不接触,B 会带电,其接近 A 一端是负电,另一端是正电;这时会发生两种情况:1.如果把 A 移开,B 的电会消失;2.如果把导体 C 接触 B 正电一端,C 就带有了正电,这时把 A 移开,B 就只带负电。这种现象表明带电需要两个物体,正电负电各需要一个物体作为载体。

至于说到放电的效应,那只是正电负电对立紧张关系的扬弃,正电与负电接触,产生光的映现即电火花,这扬弃了它们的对立,所以说放电是普遍的牺牲品。

§ 325

物体的特殊化并不停留在光的本原,它要从本原出发继续发展,发展为对立面,即正电和负电,再扬弃对立面,即正电负电接触后消失。物体的特殊属性是概念的实存,概念是光是灵魂,实存是躯体,而整体性的物体也并非真正独立,它还要进入一个生成过程。这样一来,物体由概念产生的外在形态,就表现为化学过程。

附释:我们知道物体的外在形态是由概念发展出来的,但它必须表现为现实存在,表现为一种产生的过程,这种过程就是化学过程。现在,形态将过渡到第三个阶段——化学过程,这种过渡是以逻辑发展进程为依据的。

三、化学过程

§ 326

每个物体都是一个特殊的整体,物体与物体是有关联的,这种关联就是分解与化合的过程,这个过程按照概念来说,就是把差别设定为同一,把同一设定为差别。

附释:个体性物体的形态分三个阶段:第一阶段是磁,磁是两种分离的力结合在一个物体上;第二阶段是电,电是两种对立的力分布到两个不同的物体上;第三阶段是化学过程,在化学过程里,整体性物体由于分解和化合产生各种变化。

太阳系中的星球各有其不同的元素形态,太阳是气态,行星是固态,彗星是液态。它们还停留在四元素的分化阶段,尚未过渡到中和状态。但地球上的物体则通过化学过程,形成一种中和状态即化合物,化学过程是生命的起源。化学过程与太阳系中的四元素有关联,水(液态)本质上是化学过程的条件,火(燃烧态)是化学过程的原因和结果。

在化学过程里,物体的概念既是同一性又是差别性,也就是说,概念把自身设定为对自身的否定。酸和碱都是一种物质规定性,分开来看都是独立存在,但酸渴求与碱中和,碱渴求与酸中和,中和就是对物体的激活。一切东西都是这种自相矛盾,唯有在这种自相矛盾中,物体才能发展,才能自在地成为化合物,才能孕育出生命。因此我们必须从化学方面来理解生命。

§327

化学过程不是简单的混合,混合是单纯差别物的结合,彼此不互相激活,而化学过程是对立物的结合。

附释:化学过程必须排除混合,比如水与酒精的结合,金与银的结合,这些都只是混合,在这种混合中,水还是水,酒精还是酒精,金和银也还是它们自己,并没化合为一个第三者。

§328

物体要成为一个独立完整现实的物体,就要有化学过程的参与。化学过程是一个逻辑推论,两种不同的物体是两端,通过物理元素这个中项达到统一,化合的中项是水元素,分解的中项是气元素(火)。分解和化合都是二重化的:分解一方面把物体分解为各差别部分,一方面也分解为氮、氧、氢、碳四种化学成分;化合一方面是各差别部分的化合,一方面是化学成分的化合。分解和化合的过程是不同的,但两者是关联的,物理元素作为中项激活两者,使之成为现实的存在。

附释：化学过程就是把统一体分解开，把分解的东西还原为统一体的活动。业已成形的各个物体相互接触，它们就要化合，化合需要水元素作为中项；成形的物体要分解，分解需要气元素即火作为中项。化学过程是个推论，化合是两端项通过中项的统一，分解则是统一体作为中项分解为两端项。比如浓度极高的酸对金属几乎没有溶解作用，但加入水稀释后，就会对金属产生很大的腐蚀作用，水就是中项。再如铁只有在潮湿空气中才会生锈，水就是铁和空气的中项。

氮、氢、氧、碳四种化学元素是抽象的东西，除了碳以外，其他三种都不能独立存在。水固然可以分解为氢和氧，但氢和氧并不独立存在，它们必须化合为水而存在。同样，空气中固然有氮和氧，但氮和氧并不独立存在，它们必须化合为空气而存在。四种化学元素构成整体性物体：氮是基质；氢与氧对立，氢是肯定方面，氧是否定方面；最后是碳，它作为个体性独立存在，地球上的煤就是这种个体性物体。

§329

一个化学过程产生一个产物，这个产物又成为下一个化学过程的开端，这就表明，一个过程以另一个过程为前提，也就是说，主导物体发展变化的是外在条件，而不是内在概念，这就是化学过程的有限性。物体是哪个过程的产物，这构成物体的化学属性，物体的分类只能以这种化学属性为基础。化学过程分两方面：1.差别物化合为中性物；2.中性物分解为差别物。

附释：化学过程与有机过程（生命）相比，还是有限的，其理由如下：a.在生命过程里，分裂和统一是完全不可分离的东西，而在化学过程里，各个分过程彼此不相干，一个过程结束，另一个过程开始。b.每个分过程虽然是个整体，但只是形式的整体，因为每个分过程中既有分解也有化合,比如燃烧把物体分解为有差别的东西,同时也产生水,水是化合物。c.在化学过程里,任何产物都无法保持自己的持存,酸总是渴求与碱中和,碱总是渴求与酸中和。d.在化学过程里,化合物虽然扬弃了自己的片面性,但又陷入另一种片面性。e.由此可见,化学过程虽然是个总体,但又被分裂为一个个间断的分过程,它们分别代表总体化学过程发展的不同阶段。

化学过程是一个总体过程,是由不同的分过程组合而成的,电流过程以金属为开端,产生氢化物和氧化物,氢化物和氧化物经过火的过程产生酸和碱,酸性物质与碱性物质经过水的过程产生中性物体,中性物体与中性物体的中和再度回归到金属,所以总体化学过程是一个循环过程。因此我们既要考察各分过程,也要考察各分过程的产物,更要意识到化学过程是一个循环的总体过程。

以上四小节是化学过程的概述,讲得很抽象,阅读完下面对各分过程的分析,回头再看这个概述就能理解。

(一) 化合

§ 330

1. 电流

第一类物体是各种金属,金属是化学过程的开端。各种金属通过水的中和作用,彼此传递各自的特殊性,互相激活而产生电流,伏特电池组就是很好的例子。公元 1800 年,意大利物理学家亚历山德罗·伏特发明了电池组,他把一个锌环放在一个铜环上,再用一块浸透盐水的呢绒环压上,再放上锌环和铜环,如此重复叠成一个柱状,便产生了明显的电流,这就是后人所称的伏特电池组,也称为伏打电堆。

与此同时,两种不同的金属,通过水的媒介,与空气相结合,发生氧化和氢化,在电池组的一极产生出氢,另一极产生出氧,这是电的过程转化为化学过程。氢和氧与盐基结合,产生出氢化物和氧化物,这是第二类物体。

说明:通过水的中和作用,两种不同的金属产生电,这在伏特电池中已得到证明。但知性物理学却把电看作是外来的电质,金属和水只是电质的导体而已。其实从逻辑推论看,锌和铜是推论的两端,中项是水,通过水的中和作用,两种金属被激活,才产生电,这是将差别变为同一。

知性看到电池的一极出现氢,另一极出现氧,就想象水是由氢和氧组成的。如果水被分解为氢和氧了,水就应该不存在,为什么电池中还有水存在呢? 知性不知道水是中项,氢和氧是两端,两端靠中项才能存在,这是同一中有差别。

另外,黑格尔反对把电和化学作用等同起来。化学过程产生化合物,化合物是两种对立东西的统一或中和;放电只是正电和负电的接触,它虽然产生电火花,但电火花瞬间便消失了,而带正电和带负电的物体依然各自独立存在,并没化合为统一体。

附释:产生电流的过程中,两种不同的金属是对立的,它们彼此都想把自己的特殊性设定在对方中,这种活动就是火(燃烧)的活动,正是通过水的中和才得到激活,产生出电流,单靠两种金属是产生不出电流的。

§331

2. 火的过程

在电流的过程中,各种不同金属把自己的特殊规定性设定到对方,潜在地就是火的活动,而火的现实活动就是燃烧。借助于燃烧,可燃性的第三类物体被激活为化学的酸和碱的对立,不

过这种对立只是观念性的,也就是说,没有现实存在的纯酸性或
纯碱性物体。

附释:电流过程产生出氰化物和氧化物,这一过程就暂时中
断了,进入下一过程,这个过程就是火的过程。现实的火的过程
就是燃烧,燃烧由两方面组成,一方面是火焰,另一方面是可燃
物质。燃烧的结果,是火焰和可燃物质两方面都走向毁灭。由
此可见,可燃性是物质的规定性,因为物质具有可燃性,物质就
在自身内设定了对自己的否定,一方面物体要持存,一方面又要
否定自己的持存,这就是物质自身内的矛盾。可燃物质分为两
类:一类是硫、磷等会自燃的物质,它们燃烧后变为酸;另一类是
中性物质,如石灰、黏土、钾碱等氧化物,它们燃烧后变为碱性。
在火的过程里,除了火焰和可燃物质,空气和水也作为中介参与
燃烧,所以燃烧过程是一种推论,有两个端项和一个中项。

燃烧产生的酸和碱都有腐蚀性,但它们的存在需要一种载
体(基质),水就是这种载体,这样的水就失去它原来的中性,成
为酸性液体或碱性液体。这样火的过程又告一段落,将进入水
的过程。

§332

3. 水的过程;中和作用

酸性物体和碱性物体是对立的,酸性和碱性是它们的质,它
们存在于这种对立关系中,酸性物体和碱性物体是人为制定的,
现实中的物体都是酸碱中和物体,这种中性产物就是盐。中性
物体是第四类物体,是现实的存在物。

附释:物体被区分为酸性和碱性,这是人为设定的,任何现
实的物体都是酸碱中和物,都扬弃了自己的片面性。纯酸性和
纯碱性物质都无法独立存在,它们必须存在于某种基质中,比如

水,只要它们存在于基质中,它们就必然会被氧化,因而成为中性物质。因为酸渴求与碱中和,碱渴求与酸中和,完全不接触空气和水的纯酸性或纯碱性物质不存在。

§333

4. 作为整体的过程

中性物体与中性物体彼此相接触,通过水的媒介,也就是被水溶解,形成现实的化学过程。中性物体间的化学过程有一种选择亲和性,也就是被水溶解后,物体 A 中的酸选择与物体 B 中的碱相结合,物体 A 中的碱选择与物体 B 中的酸相结合,再形成物体 C。

说明:选择亲和性是里希特与吉顿·莫尔沃发现的定律。同时,比重、内聚性、温度等对物体间的化学过程也有影响。

附释:酸碱中和的中性物体,会和其他中性物体发生化学反应,它们的媒介就是水。因为两个物体都是中性物体,它们的化学过程中就会有选择亲和性。通过选择亲和性,形成新的物体,这个过程表明,一个中性物体被扬弃,另一个中性物体被产生出来,这就又回归到最初的开端即金属,进入新的循环过程。

(二)分解

§334

中性物体被溶解后,一方面被分解为有差别的物质,同时也发生差别物质的化合。任何分解都离不开化合,同样,化合中也包含着分解。因此,为了明确什么过程产生什么产物,我们既要考察化合和分解的过程,同时也要考察它们的产物。至于起中介作用的水火土气四种物理元素,虽然潜在地包含着这个过程,但并没明显地展现出来。

说明：分解和化合都是过程，不同的过程产生不同的产物，不同的产物又是下一个过程的开端。因此我们不仅要考察产物，也要考察过程。知性的经验化学只研究产物的特性，把它们看作一成不变的东西，而不关注它们产生的过程，笼统地把金属、非金属、氧、氢、硫、磷等全部归为化学物质。要知道两种物质一旦成为化合物，就失去它们原来的属性，化合物一旦被分解，也失去它原来化合物的属性。

经验化学把氮、氧、氢、碳看作四种化学元素，但它们并不具有同等地位，除了碳，其他三种都不能独立存在，水是氢和氧的中和物，空气是氮、氢、氧的中和物。我们必须以逻辑三段论来理解总体化学过程，即两端项通过中项达到化合，同样，化合物作为中项可分解为两端项。

附释：化学过程最初以金属为开端，经过一系列分解和化合的过程，现在又回归到金属，比如当硫酸中的酸被分离出来，就还原为金属态。这种还原所采取的各种方式和所经历的各个阶段是不同的。电流的过程最初以金属为开端，产生出氢化物和氧化物，经过火的过程产生酸和碱，再经过水的过程产生中性物体，最后以中性物体间的中和再度回归到金属，这就是化学过程的全部历程。

在总体化学过程中，个体性物体可以整理成下列体系：

气态物体：任何一种气体都是由四种气体构成的整体，它们分别是：a.氮气；b.氧气和氢气，两种对立的气体；c.碳酸气。

火态物体：即燃烧的产物，它们是：a.盐基，包括固态的硫、气态的氢，石油精，植物油，动物油，这些是可燃物体；b.酸，可分为硫酸、硝酸、盐酸、固态酸，固态酸又可细分为碳酸、砷酸、植物酸、动物酸，这些是燃烧的产物；c.氧化物、碱，这也是燃烧的产物。

水态物体：即通过水的中和得到的产物，它们是盐、土、石。土质物质主要有四种：a.硅，硅是透明物质，与钾碱结合可制成玻璃；b.黏土，黏土与硫酸结合构成瓷土，是瓷器的原料；c.云母，这是盐的主体，海水的苦味由此而来；d.最后是真正的中性物质、钙类物质、碱性物质，只要有物理元素的参与，它们又构成化学过程。

土态物体：即固态物体，这种物体仅是有重量的金属，某些金属有自己的形态，某些则处于被氧化的形态，或是粉末状，或是渣滓状。

§335

什么是物体的概念？物体永远处于分解化合再分解再化合，这种产生又被扬弃的循环，就是物体的概念。因而现在概念不再仅是内在必然性，而是通过分解和化合过程被表现了出来。概念与表现的关系，是底层与表层的关系，从这个意义上来说，化学过程就如同生命。不过两者还是有所不同。在生命中，概念主导表现，表现是为了达到概念，概念与表现是同一的。在化学过程中，概念与表现是分离的，过程的开端与过程的产物是不同的东西，比如，中性物体被分解为酸和碱，不同的金属被化合为电。因此化学过程有别于生命，它还未达到生命。

说明：合目的性就是事物以概念为规定性实现自己，有些化学现象已经体现了合目的性，但在化学过程里，物体完全靠外在条件起变化，所以还不是概念的自我实现。

附释：生命过程是一种化学过程，但不等于说化学过程就是生命。概念在化学过程里把自己展现为两个环节，一个是物体的持存，这是分解和化合的产物，一个是对持存的否定，也就是再度分解和化合，在化学过程里，这两个环节是间断性发生的。

两个环节兼于一身又同时发生的统一体唯有生命体。

§336

在化学过程中,物体展现为对自己持存的否定,这种否定只是把自己改变为另一种物体,即分解或化合的产物。而不断地否定自我,自我分化,又不断地回归自我,这种活动,就是有机生命体。

附释:在化学过程里,物体从内到外一切都在改变,这就表明物体的物性不在它的形态,而在它的概念。化学过程表现了辩证法,辩证法证明了物体的形态是非永久性的,唯有概念是永久性的,是物体的真理。这样就从无机界过渡到有机界。

第三篇　有机物理学

§ 337

有机物理学考察的是有生命的有机体，生命与理念有关，所以我们先回顾一下柏拉图的理念说。理念首先是事物的共相，即事物的类概念或本质；其次理念是事物存在的根据或模仿的模型，个别事物由于分有了理念而成为这一事物，任何事物都是按照理念被制造出来的；最后理念是事物追求的目的，事物的发展变化就是为了实现本质，实现本质就是达到理念。

生命有机体包含内在概念和外在实存，概念是主观性的思想，实存是客观性的存在，主观性概念主导客观性实存的发展变化，以达到概念的规定性，这就是主观性与客观性的统一。个体性物体如果以主观性概念为自身发展变化的内在目的，这样的个体性物体就是理念的现实存在，就是有生命的有机体。

亚里士多德把自然界划分为矿物界、植物界、动物界。黑格尔秉承了亚里士多德的三分法，把有机物理学分为三个领域：地质自然界，植物有机体，动物有机体。地质自然界也就是矿物界，矿物曾经是有机物，现在只是有机物的尸骸，只是客观性实存，没有主观性。植物有机体是主观性的生命力，但这种主观性还只是形式的主观性。动物有机体是真正意义上的主观性主导客观性，所以动物才作为主体而存在。有机体虽然由各独立部分组成，但它们都受主观性的支配，只有达到了理念，生命才是同一性，生命才是一个有机系统。

附释：我们回顾一下前两篇。在第一篇里，从最初的物质出发，最后我们得到了重力。在第二篇里，观念性的重力变成了光，从光出发，最后我们得到了个体性物体，个体性物体必然要过渡到既能创造自身又能保持自身的统一体，这就是有生命的有机体，是第三篇的研究对象。生命有机体可以被分解成氧、氢、盐等化学成分，但那是僵死的有机体，活的有机体总是对这些化学成分的扬弃。生命有机体在自身内始终有一个他物，即它要达到的目的，因而生命的过程始终是对自己的否定，这是一个矛盾，但生命同时也是这一矛盾的解决，因此对生命只能思辨地加以理解。

生命就是理念，是内在概念与外在实存的统一。生命不单纯是概念与实存两个对立面的结合，只要是内在与外在、原因与结果、目的与手段、主观与客观的同一，就会有生命。生命的规定是，概念被设定为实存的主观性，主观的形式（概念）支配客观的形态（实存）。在化学过程中，个体性物体受外在条件支配，而生命有机体的个体性是能动的，它受概念即内在目的的支配。生命既是目的也是手段，生命为概念而变化，是通过否定之否定达到对自身的肯定。总而言之，生命有机体是实存符合概念的统一性。与之相反，在天体系统中，概念的特殊环节都是自为地存在着的物体，是独立的物体，这些物体还没返回概念的统一性。太阳系可以算是一个有机体，但太阳系中的星球都是独立存在独立运作，所以只能算是机械的有机体。如果说第一篇是机械论，第二篇是化学论，那么第三篇就是目的论。

有机物理学分为三个领域：矿物界、植物界、动物界，前两个领域仅是达到生命的途径，唯有动物界才是真正的生命，因为动物体现了主观性支配客观性。

第一个领域是矿物界。之所以把矿物界归为有机物理学，因为地下的矿物如煤炭石油等都是有机矿物。既然它们是有机矿物，说明它们曾经是有机物，它们曾经是生命，但现在它们只是有机物的尸骸，尸骸就不存在主观性支配客观性，所以它们不是生命，只是生命的基地。地球现在是个安静的星球，它的形成远在45亿年之前，创造地球的原因或动力也不在地球自身，因此矿物界只能算是僵死的生命，不是能动的生命。

第二个领域是植物界。植物开始有生命力，是生命的过程，但植物的过程只是概念的映现。在植物的整个生命过程中，主观性还未与客观性达到真正的统一，比如一棵橡树，它的主观性是橡树的概念，它的客观性包括根须、枝干、叶子、花朵等，这些部分都是独立的个体，都只是橡树概念的映现，而非橡树本身。

第三个领域是动物界。动物的肌体各部分不是独立的，它们完全受灵魂的支配，这就达到了主观性与客观性的统一。动物一方面吸收外在有机物以维持自己，一方面它肌体各部分通过感觉完全联合成一个有机的系统，所以动物是有机物理学的最高阶段。

第一章　地质自然界

§338

最初的有机体是矿物界,矿物界是有机物的尸骸,不是有生命的东西。自然理念把自身划分为主观性概念和客观性实存,矿物界只是直接的客观性实存,不存在主观性。

附释:地球经历过气火水土四种化学过程,地球是这四种化学过程的产物。就内容来说,矿物界曾经有过生命,但现在它们是生命的尸骸,它们就是直接的客观性实存,缺失了主观性,所以地球不是真正意义上的有机体。

一、地球的历史

§339

地球的矿物层是僵死的东西,它们已不在生命过程中,而是构成了一个彼此外在的矿物层体系,各矿物层尽管显示出以一种理念为其基础,但它的形成过程却是过去的过程。形成地球矿物层的力量也不在地球自身,这些力量是地球在太阳系中的位置,地球与其他行星的联系,以及地球轴向轨道的倾斜和磁轴。地球上陆地和海洋的分布,北部陆地是相连的,向南延伸则出现分叉并变窄,这就形成了旧大陆(欧洲和亚洲)与新大陆(美洲和澳洲)之分,这与地球轴向轨道和南北两极磁轴有密切关系。

附释:形成有机物的力量在有机物自身内,与之相反,形成地球的力量不在地球自身。地球能够生成,完全由于它处于太阳系中适当的位置,以及它同其他行星所保持的位置。所以地球不同于一般有机体,严格说来它算不上有机体。

有机体是生命主体,它形成的过程在自身,与之相反,地球不是生命主体,它形成的过程不在自身。地球随宇宙的产生而产生(奇点大爆炸理论与之相符合),宇宙的产生有其理念基础,所以地球的产生有其必然性。这也表明地球不是严格意义上的有机体。

对地球的生成,地球构造学有火成论与水成论两种理论,两种理论都失之片面,无非表达了地球在遥远的过去曾经发生过巨大的变化,这种变化与宇宙有关联。地球构造学与哲学无关。我们考察地球必须注意三点:地球是绝对理念创造的,因此地球上的普遍东西没有历史过程;地球不是有机体,因而不是作为主体自己产生自己,地球上也有过程,这是气象过程,是生命主体存在的可能性;地球是绝对理念的产物,是概念的必然外化,所以地球有生有灭。

自然地理学研究地球的特殊构造,但哲学却在于把偶然的东西理解为必然的规定,地球所表现出来的这种特殊构造,必然与地球的轴向轨道和南北两极磁轴有密切关系。

二、地球的构造

§ 340

地球的物理组成过程有一个起点,这个起点分裂为二,即花岗石本原和石灰质本原。花岗石本原是岩石核心,石灰质本原是中和状态。花岗石本原向两方面转化:一方面仅是形态转化,但仍以花岗石为其本原；另一方面是它成分的分解，分解为各种金属矿物，最后形成沉积层。与花岗石本原并行的是石灰质本原的发展，也向两方面发展，一方面是自身微弱的改变，另一方面是两种本原互相衔接，最终互相混合。

附释：地球的核心岩石是花岗石，花岗石的主要成分是石英、云母、长石。所谓花岗石本原与石灰质本原，其实就是硅石系与石灰系的对立，石英属硅石系，长石属石灰系，花岗石把对立的两者统一于一身，所以花岗石是对立物的统一体。加上云母，就是地球简单的三一体。

地质学把地壳分为三个层系：原始岩层、第二岩层、沉积层。原始岩层的核心是统一体的花岗石，但这个统一体的花岗石发生了两种转化。一种是它的基本成分不变，仅是成分的比例发生变化，比如花岗石转化为片麻岩。另一种是花岗石不同成分的分离，比如片麻岩转化为云母片岩，云母片岩又转化为斑岩。从云母片岩的转化开始，花岗石被分离为不同的东西，其中的石英转化成硅石系岩石，云母转化成泥质片岩，长石转化为石灰系岩石，这就造成了硅石系与石灰系的对立，这些对立的岩石互相衔接，混合在一起，形成第二岩层。第二岩层又进一步分解为砂石层、黏土层、石炭矿层等，随着花岗石整体性和凝聚性的丧失，矿石和与之相伴的结晶展现出来，最初是铁矿石，后来是其他矿石。最后是第二岩层向沉积层的转化。沉积层是黏土、沙、石灰、灰泥的混合物。这时，硅石系和石灰系岩石都已化为土，两种本原在沉积层中互相衔接，互相混合。花岗石已完全失去其矿物性，石灰质也退化为泥炭。泥炭是由植物的残骸和矿物组成，所以它与植物有机体有关联。沉积层中的石灰成分是构成动物骨骼和贝壳的东西，所以石灰质与动物有机体有关联。

三、地球的生命

§341

地球处在太阳系中,地球与太阳、月亮、彗星的关系给予地球产生生命有机体的概念,气象过程使地球成为产生生命有机体的基地。海洋中存在无数发磷光的生命点,陆地存在地衣这样的生命点,所以海洋和陆地就是生命的现实可能性。因此,有机生命的开端是"自然发生",由"自然发生"进化到"物种产生",才达到卵生繁殖。

附释:地球与太阳、月亮、彗星的关系,决定了地球会产生出有机生命。太阳、月亮、彗星给予地球的是一些元素:太阳给予地球大气,也给予地球火元素(即燃烧和可燃物,不过火元素包含在陆地的土元素之内),彗星给予地球海洋,月亮给予地球陆地。因此地球上生命的本原是这些元素。

1. 地球的第一种特定生命是大气。太空中原本存在着生命,太阳给地球以大气,也就为地球提供了出现生命的现实可能性。大气直接给地球以光和热,温度的升降,不仅给地球以四季和日月变化,也给地球带来降水,为有机生命的产生创造了条件。这种运动变化也有海洋和陆地的参与。

2. 海洋是比大气更高级的生命状态。海洋中有盐和硫酸镁,表明海洋有创生能力。海洋中闪现出无数的磷光点,每个都是一个生命点,如果将海水同这些生命点分开,它们会衰亡,留下一种胶状黏液,这是植物生命的开端。海洋中不仅有植物生命,还进一步上升为动物生命,比如鞭毛虫和微小的软体动物,以及构成珊瑚的微生物等。海洋是彗星带给地球的,海洋中的生命来自彗星。

3. 陆地也是孕育生命的基地,如果说海洋是孕育动物的基地,陆地就是孕育植物的基地。只要有土壤、空气和水,陆地上就会出现植物,比如地衣、青苔,也包括霉菌、真菌等。陆地是月亮带给地球的,陆地上的生命来自月亮。

关于有机生命的产生,有"自然发生"和"物种产生"两种观点。自然发生说认为,生命是在长期的历史发展中从非生命物质产生出来的,古希腊的泰利士、赫拉克利特、德谟克利特,近代的培根、笛卡尔等持这种观点。到 1668 年,雷迪用实验证明了腐肉生蛆并非自然产生,而是苍蝇在腐肉上产卵的结果,一切生物的产生都有其父母,这就是物种产生说(或有亲产生说)。对此黑格尔认为,初级有机生命是从太阳、月亮、彗星带给地球的元素中产生的,是从无机到有机,因此是"自然发生",这些有机生命进一步完善成熟,发展为个体性的生物,这时才以卵生繁衍后代,才进化到"物种产生"。

§342

一个现实的活的有机体,把自己区分为内在的生命概念和外在实存,生命概念是思想(主观性),外在实存是各部分(客观性),如橡树的根、枝干、叶等。同时,一个有机体还同外在无机自然界相对立,从外在无机自然界吸取养分以维持自己的生存。

附释:有机体把自己区分为生命概念和各部分,比如橡树有根、枝干、叶等部分,这些部分各自都是一个整体,彼此互不相干,同时这些部分又与生命概念是对立的。但生命概念作为本质完全渗透到各部分中,主导各部分的生长发展,因此有机体就是一个同一体。

个体性有机物由三个圆圈构成:

第一,有机物的生命概念是它的普遍性,外在的无机自然是特殊性,有机物自身是个体性,个体性作为中介,将普遍性与特殊性结合在一起,构成个体性的有机物。这就是说,无机物被生命概念接纳,产生出有机物。这是个体性有机物的形成,它的逻辑公式是普遍性—个体性—特殊性。

第二,生命概念的规定性,就是消耗无机物以维持自己的生存,所以个体性有机物以生命概念为中介,消耗和吸收无机物。这是个体性有机物的营养过程,它的逻辑公式是特殊性—普遍性—个体性。

第三,以特殊性为中介,生命概念这个普遍性被分成雌雄两性,雌雄两性分别都是个体性。这是性别关系,它的逻辑公式是普遍性—特殊性—个体性。

黑格尔出于他的泛逻辑主义,用逻辑公式来解释个体性有机物,显得非常牵强。

第二章　植物有机体

§343

　　主观性的概念把自己发展成客观性的实存,发展成一种有躯体形态的东西,这种躯体形态又区分成彼此不同的部分,这就是植物。植物的主观性概念就是它的生命力,这种生命力同客观性的躯体是直接同一的,因此植物的生长是超出自身,也就是长出新的枝和叶,植物的繁殖是增殖,也就是靠自我分裂、自我复制,由一个变成多个分株。对于分株来说,母体是基础,每个分株也都是一个完整的植物。因此植物躯体各部分的差别只是一种表面的形态差别,这一部分能轻易地转化为另一部分。

　　附释:生命本质上就是有生命的物体,因此通过外在因素的激发,生命必然要发展成植物。在这里知性的因果关系失效了,生命概念能发展成植物,生命就是植物的自因。

　　动物的主观性贯穿它躯体的各部分,灵魂支配躯体各部分,动物的生长只是躯体由小变大。与之相反,植物的生长是直接长出新的枝和叶,这些部分都是一个整体,各部分彼此外在,互相对立,这些部分与该植物的生命力是完全同一的。因此,动物的繁殖要靠两性交配,而植物的生长和繁殖是它自身的增殖,也就是靠自我分裂、自我复制,由一个变成多个分株。比如柳树的枝条插入泥土中,能长成新的柳树。

§344

　　这样,植物的形态形成即直接长出新的枝叶,其实就是它的繁殖,是连续创造新的植物个体。由于植物的主观性概念与客观性实存是直接的同一,植物还只是自在的主观性,所以它不能自主选择它在空间中的位置,它只能扎根土壤中,不间断地吸收养分。植物同无机自然的关系,实质上就是同四种物理元素的关系。植物自身不发热,也没有自我感觉,因为植物没有动物那样的支配各部分的灵魂,植物的各部分各自都是一个直接的生命。

　　附释:有机体的特点就是,它既是一个统一体,又分成各部分。动物的生命就是主观性,这个主观性体现为自我性或灵魂,灵魂支配躯体的各部分,因而动物有自我感觉。与之不同,植物的主观性与它的各部分直接同一,它的各部分直接具有生命,因而各部分互相外在,彼此独立。植物不具有支配各部分的灵魂,它的自我性只是概念,而非现实存在,因而植物没有自我感觉。另外,植物尽力地追逐光,光是支配植物的最高力量,离开光,植物就是无色、无嗅、无味的,因而可以说光是植物外在的自我。由于光是植物外在的自我,植物追求自我毋宁说是走向自身之外,所以植物的繁殖是自身增殖,即靠自我分裂、自我复制,由一个变成多个分株。

　　(1)动物有一个能支配各部分的灵魂,所以动物能自主选择生活和行动的位置。植物的自我性直接存在于各部分,因此植物不能自主地选择它生长的位置。植物的运动是由光、热和空气决定的,所以植物的叶面朝向太阳,向日葵围绕太阳转。

　　(2)植物不是真正的自我性,所以它不能真正同无机自然界分开,它必须扎根在土壤中,不间断地吸收养分。植物离不开光、空气、水分,实质就是离不开物理元素。

（3）植物自身不发热。物体发热是内聚性发生变化,植物没有内聚性的变化,没有自身内的燃烧过程,所以植物自身不发热。动物是流动的磁体,这种磁体不同部分互相转化,因而放出热,这种热的本原只在于血液。

（4）植物没有感觉。由于植物的自我性直接存在于各部分,没有动物那样的神经系统,所以植物没有自我感觉。某些植物如含羞草有应激性,那不是自我感觉,只是机械的弹性。

§345

植物外在的各部分虽有差别,但具有原始同一性。植物的外在形态近似几何形式,植物的产物近似化学产物。

说明:歌德的《植物的变形》一书,启发我们认识到生命的统一性,植物生命是一个统一体,植物的各部分只是这个统一体的变形。关于植物生命的一些基本特点,黑格尔采用了舒尔茨《活植物自然界或植物与植物界》一书的内容。

附释:植物的繁殖通常有下列几种方式:

（1）由一个点状种子,生长成线状,继而停止生长,长出新的种子,很多水生的丝藻类植物就是这样繁殖的。

（2）压条扦插繁殖。较高等的小灌木,它们的生长是长出枝条,每个枝条都是一个完整的生命,只要把一根枝条折下,埋在土中,就会生根,长成完整的植物。凤梨科的铁兰是典型的压条扦插繁殖。

（3）嫁接繁殖,这是一种人工繁殖,这种方法会造成植物的变种。

（4）鳞茎繁殖。百合就是典型的鳞茎繁殖,它的鳞茎长在地下,每一片鳞茎都会离开母体,发育成一株新的百合植物,从这个意义上说,鳞茎植物应称为胎萌植物。

简而言之,植物的每部分都能直接作为完整的个体而存在,一棵植物就是许多个体的聚合体,每个个体都是完全独立的生命。

在黑格尔所处的年代,德国植物学还是歌德的观点占统治地位。歌德认为,植物生命是一个统一体,这个统一体的原型就是叶子,植物生长的全过程和繁殖都是叶子的变形。种子的胚芽是小叶,植物的茎是由小叶发育而成,茎又长出叶子;苹果树、梨树、柠檬树在贫瘠的土壤中会长出刺,经过栽培刺就消失,变成树叶,这表明刺就是叶子的变形;花蕾是一些叶片聚集在一个中心周围,所以花蕾是由叶片转化而成,与茎叶是同一个器官;花瓣只是花蕾的扩张,因而也是叶片的变形;花瓣既然是叶片的变形,花粉就是叶片的收缩,因而果实也是叶片的变形,比如荚壳就是合拢的叶子。黑格尔继承了歌德的观点,因为植物生命统一体的观点符合他自己概念的外化理论。

另外,植物外在的形态,茎是直线状,叶是平面状,果实是球状,这与晶体的几何形式相似;植物的汁液是酸,这与化学过程相似。

§346

生命力作为概念必然要外化自己,这个外化在植物分为三个过程。

附释:植物生命力外化分为三个过程,即形态形成过程,同化过程,类属过程。

一、形态形成过程

植物概念的外化,一方面是由主观性思想变为客观性实存,另一方面是植物整个生长发育繁殖的过程。前者体现为将养分转化为有机生命液,以及将有机生命液转化为外在形态。后者体现为:1.从胚芽分离出根和叶,从细胞分离出木质纤维和生命导管;2.分裂成木质和表皮,这是自我保存活动;3.自我保存聚集为统一性,创造出新的植物个体——胚芽。

　　附释:有机体的本质就是吸收外在的养分,使之成为自己的东西。植物吸收水分和养分,让它们同生命力结合在一起,制造出一种有机生命液,生命液直接形成植物的形态。最初的形态是植物的胚芽,植物的生长过程从胚芽开始。

　　(1)胚芽只是植物的生命力概念。胚芽潜在地包含了植物的所有部分,它的生长只是单纯的增殖。胚芽分化出根和叶,一个是向土壤生长,一个是向光生长,这可以称为两极化。在根与茎之间,分裂出茎。植物中的细胞组织起协调作用,通过细胞组织的分裂,茎变化为生命导管和木质纤维。生命导管的一个机能是吸收水分和养分,另一个机能是把水分和养分同生命力结合,制造出一种有机生命液,有机生命液通过导管流通于植物全身,形成各部分的形态,这是植物的血液循环。

　　(2)木质纤维是植物的表皮和木质部分,这种木质化一方面是植物的自我保存,另一方面也是植物的自杀,因为木质部分就是碳,是有机植物自身的无机物。植物每年形成一圈木质层,这是植物的年轮。

　　(3)从胚芽分化出根和叶,再长出茎,茎通过细胞的分裂,变化为生命导管和木质纤维,生命导管制造出有机生命液,有机生命液被输送到植物全身,这整个过程的目的在于产生出新的胚芽,而新的胚芽是另一个植物个体。由此可见,植物生长的整个过程就是为了繁殖后代。

二、同化过程

§347

同化过程与形态形成过程是直接相关联的。形态形成过程分裂为根和叶，根是向土壤和水分方向的分裂，为了吸收和同化水分；叶则是向光和空气方向的分裂，为了与光和空气同化。植物与光和空气的同化，即是一种返回自我，这种返回自我的表现是光合作用，其目的则是产生花蕾，繁衍后代。因此植物的外在自我就是光，植物被光拉到外面，向着光攀援而上，把自己分裂成许多新生命。植物从光得到热和力量，得到气味和芳香，得到颜色和结实健壮的形态。

附释: 植物的胚芽长出根和叶，根的目的是与水分同化，叶的目的是与光和空气同化。植物只有靠光才能创造自己，才能返回自我，这种返回自我就是产生花蕾，繁衍后代。

植物涉及的外在自然元素是光、空气、水:

（1）植物与光的关系特别表现在花蕾的展开，花蕾既属于形态形成过程，也属于繁衍后代的类属过程，这表明植物的不同过程其实是贯通的。依靠光，植物各部分能直立，叶变成绿色，花有色有香。

（2）在空气中，植物进行蒸腾，它把气变成水，把水变成气。植物也进行呼吸，白天它吸入二氧化碳吐出氧气，黑夜它吸入氧气吐出二氧化碳。

（3）植物与水的关系更密切。种子如果没有水，生命只是潜在，它不会发芽生长，水是植物真正的营养素。

阻止植物形态向外不断长大的是花蕾，一般植物长出花蕾，植物就不再继续长大，因为花蕾意味着后代生命，意味着繁衍后代的使命已达到。

三、类属过程

§ 348

类属过程就是植物的繁衍后代,就是植物向自己的回归,这种回归能终止植物形态的生长。植物的类属过程只是初级阶段,类属过程无非是孕育出种子,但种子对植物的繁殖纯属多余之举,因为形态形成过程和同化过程本身就是植物的再生。

附释:植物最后的环节是开花,开花不仅是繁衍后代,也是终止植物形态的继续长大。因而植物界就出现了一个著名的争论:在植物中是否像在动物那样,第一存在着性别,第二存在着受精作用。对第一个问题,植物中有的是雌雄异株,比如棕榈、大麻;有的是雌雄同株,比如香瓜、南瓜;甚至还有杂性式植物,它们同时开两性的花。因此,植物是无性的,即便雌雄异株也不例外。对第二个问题,1749年,格列迪奇用来自莱比锡的雄性花粉,给当地的一株雌性棕榈树授粉,得到了成熟的种子;1767年,克勒罗伊特把当地的雄性棕榈树花粉,送给圣彼得堡的园艺学家艾克来本,成功地给那里的一株雌性棕榈树授粉,这株棕榈树活了百岁,且年年开花。这证明受精作用实际上是存在的。这就产生了第三个问题,受精作用是不是必然的。既然胚芽是植物整个的生命,植物的蔓茎只要触地也能繁殖,所以受精作用不是必然的。植物生命虽然显出向两性的过渡,但尚未进化到动物那样的两性。

那么我们应该如何来理解植物的类属过程呢?类属过程在动物界有其真实的意义,在植物界只是形式的东西。类属过程就是繁衍后代,那么植物的繁衍后代在形态形成和同化两个过程中就已经包含了,因为从胚芽开始生长,到产生新的胚芽,这整个过程就包含在上述两个过程中。从这一点看,繁殖过程同消化过程是同一的,消化促成植物生长,这个生长同时孕育着新的个体植物。严格来说,类属过程应该是两性通过中介过程即交配,而植物的类属过程却是直接产生新个体植物,所以说植物的类属过程只是种形式。那么,又该如何理解植物的授粉呢?动物的雌雄两性是互相否定,受精是达到同一,即创造出胚胎;但植物只有否定而没有同一,因为植物的胚芽与母体是直接同一。这就是说,动物是从否定到同一,植物是从同一到否定,因此植物的授粉只是为了结出果实,并非严格意义上的类属过程。

舍尔维对结出果实做了进一步的观察,如果果实要成熟,它就必须终止植物形态的生长,如果植物形态不断地生长,果实就不可能成熟。植物生长的被终止,是果实的形成。果实等同于胚芽,不过它不是直接的胚芽,胚芽是它里面的种子。果实里的种子其实是多余的东西,因为作为繁衍后代来说,种子并不比胚芽有更多优势。果实不是种子的子宫,土地才是生育种子的力量。果实的成熟也是它的衰败,因为衰败促使果实成熟,成熟才会落地,种子接触土地才能发育成新的植物,这是植物概念所规定的。

植物在它生长阶段,没有花、授粉和果实;当它开花,生长就被遏制;当它开始授粉,其他部分开始凋谢,叶子脱落,表皮枯干,木质部分硬化;当它结出果实,母体走向死亡,新的植物生命诞生。植物的生命过程就是这样一个形式上的类属过程。

§349

真正的有机体,主观性概念始终贯通整体,概念与外在形态是同一性,外在形态符合概念,各部分本质上是有机部分。然而植物的有机性尚未达到这个程度,所以植物作为个体性生命是要被扬弃的。

　　附释:植物是一种从属性的有机体,这种有机体的使命是把自己奉献给更高级的有机体,奉献给动物来享用。生命的概念在于保持自己作为一个个体性而存在,但植物在开花结果后就走向死亡,所以不是真正意义上的类属过程,因而我们现在要进入有机体的更高概念——动物有机体。

第三章　动物有机体

§ 350

动物有机体的本性，就是内在主观性与外在形态的统一，内在主观性即内在自我，外在形态即有型的器官和肢体，内在自我主导器官和肢体的所有活动，器官和肢体的活动是这种内在自我的映现。

附释:动物是一种自为存在，动物的内在自我就是灵魂，灵魂主导器官和肢体，肢体又与外部自然界接触，这就是动物有机体的自我性的统一。无论是内部器官，还是与外部自然界接触的肢体，灵魂始终起着主导作用，这灵魂就是动物的内在主观性。很久以来人们都在探索灵魂，灵魂是一个矛盾，躯体的内外各部分无不表现出灵魂，但灵魂又不存在于各部分中。

§ 351

因为动物的内在主观性是一种不受重力束缚的自由思想，所以动物具有行动的自由，与此相关联，动物还具有发音的能力，动物自身会发热，动物是间断性进食，最重要的是动物具有感觉。

附释:重力是物质的普遍规定性，因而物体在空间中的位置是得到规定的。动物尽管也有重力，但它摆脱了重力中心的束缚，具有行动的自由。动物要去哪里，或在哪里休息，完全由它自己决定。

动物能感知到自己的存在，通过这种自我感觉，也能感知到他物的存在。这种他物既是与自身不相干的独立存在，又与自身保持着一定的关系。

发音是动物的特权。金属能发声但不能发音，金属受到敲打的发声是被动的。动物的主动发音是一种精神化的机制，动物能把自己内在感受通过发音表现出来，发音就是动物内在感受的外在现实表现。飞禽走兽发出声音，以表示它们的痛苦、需求、饥饿、满足、喜悦、欢乐、性欲等等。

动物的自为运动，即消耗食物、产生能量是一个持续的过程，因而在体内必定会发热。另外动物的应激性也会导致身体发热。

动物是间断性进食，吃饱喝足了它就不再进食，可以中断与外物的关系。

§ 352

动物有机体作为普遍的生命，是一种概念，这种概念经历了三个过程，使自己成为现实的个体性动物，其中每个过程既是一个整体，又是向下一个过程的转化。动物有机体不是单纯的存在，而是不断的再生，只有这样它才能保持自己。所以，我们应该把动物有机体看作：第一是形态，这形态是概念的外化；第二是同化，这是动物与它物的关系，即消化吸收食物；第三是类属，这是与其他动物的关系，即交配繁殖。

附释：动物有机体是个自在自为的中心，生命这个概念，既是它的目的又是它的手段，目的就是要活着，手段就是为活着采取的现实活动。

动物的生命概念经历了三个过程：首先是生命概念的外化，即形成形态；其次是与他物的同化过程，即消化吸收食物；最后是与其他动物统一的过程，也就是类属，即繁衍后代。最完善最高级的动物有机体是人类,这是动物有机体的原型,只有通过人类这种原型,我们才能认识和阐明植物和动物有机体的意义。

一、形态

(一) 有机体的功能

§353

形态是动物的主体,这个主体是生命概念的展现,因而就有具体的规定,这些规定就是动物有机体的功能。动物有机体的功能:感受性,这是自我与形态的同一性;应激性,这是动物对外来刺激做出的反应;再生性,这是消化吸收,是感受性和应激性的统一。

附释:感受性是动物的自我与形态的单纯同一性,是感觉能力。由于动物具有感受性,所以动物在受到外来刺激时,就会有所反应,这是应激性。由感受性和应激性派生出再生性,再生性就是把他物变为我的东西,这是消化吸收,把我的东西变为外在东西,这是繁殖。哲学就是以概念来认识感性的东西,所以感受性就是普遍性,因为它是自我与形态(包括内脏器官和外在肢体)的同一;应激性就是特殊性,因为它排斥外来他物;再生性就是个体性,因为消化吸收是感受性与应激性的统一。

(二) 形态系统

§354

这三个功能都有其实在性,感受性体现在神经系统,应激性体现在血液系统,再生性体现在消化系统。尽管每个系统都是独立运作,但都在生命这个同一概念的统辖之下。因此,

1. 感受性就是有机体的自我同一性,骨骼是感受性的基础。

随着骨骼的生长产生出神经，神经是感受性的现实存在。神经对内是感觉神经，对外是运动神经，因而神经也带有应激性。神经系统包括交感神经和神经节，它们直接与消化吸收有关，因而神经也带有再生性。这就是说，感受性中包含着应激性和再生性。

2. 应激性是指受到他物刺激时做出的反应。肌肉受到他物刺激时会屈伸，这是应激性，同时又带有感受性。血液循环本身是应激性，是一种自身运动，这种运动分为肺系统运动和门静脉系统运动，前者赋予有机体以氧，后者负责分解养分和毒素，它们都参与消化吸收，因而都带有再生性。心脏搏动是应激性，但通过这种搏动，血液把生命能量输送给各部分以供它们再生，因而带有再生性。因此，应激性中包含有感受性和再生性。

3. 再生性是指消化吸收，低等动物只有直接的植物性吸收消化，高等动物的内脏的消化吸收是一种中介过程，这种再生过程都有感受性和应激性的参与。

附释:感受性作为神经系统，应激性作为血液系统，再生性作为消化系统而独立存在，但这三个系统是不可分割的，每个系统内都包含着另两个系统，当然，在一个系统内，居支配地位的是它的主要功能。我们必须这样来理解动物有机体，每个系统都是一个独立的系统，又都是受概念或自我统辖的一个整体。

感受性最初来自骨骼的生长，骨骼是感受性的基础。骨骼最初是骨核，骨核会增殖和变长，骨核内包含骨髓，骨核外包裹着骨膜。伴随着骨核的不断生长，产生出神经，神经是线状的，骨髓变成了分布在线上的一个个点，于是动物有了感觉。这一过程表明感受性是随着再生性而产生的。

骨骼的生长是种过渡，第一种过渡是由内在变为外在，骨骼变为贝壳类动物的外壳；第二种过渡是由骨骼变为动物的角和爪。外壳、角、爪都是应激性功能，这种过渡表明应激性伴随着再生性而生成。

第三种过渡是回复到自身,生长成脊椎动物的脊柱骨,脊柱骨是骨骼系统的中心,它把自己分化为颅骨和肢体末端,颅骨内形成脑组织,肢体末端就是四肢,脑组织通过神经系统与四肢相连接,脑组织属于感受性,四肢属于应激性。颅骨分化出牙齿,牙齿属于应激性。这种过渡表明感受性和应激性伴随着再生性而生成。

神经系统与外部相联系,所以造成感受性中不同的感觉。与脊髓相连的主要是运动神经,与脑髓相连的主要是感觉神经,运动神经支配运动,感觉神经把外部刺激传递给大脑。总的来说,各种神经都集中在大脑,又从大脑分出许多分支,分布到躯体每个部分,所以神经既能感受外部刺激,又能贯彻自己的意志或目的。深入内部的感受性是神经节,这些神经节可分为头神经节、颈神经节、胸神经节、腹腔神经节、盆腔神经节,这些神经节一方面体现为应激性和再生性,一方面又直接与大脑神经和脊髓神经相关联。这表明感受性与应激性和再生性是相伴的。

感受性转化为应激性,体现在肌肉系统。有机体的肌肉是有弹性的,它在受到外部刺激时收缩,同时为扬弃这种刺激,又以紧绷的形式恢复自己。应激性的肌肉运动是有机体特有的自身运动,这种运动既有吸收作用,也有排斥作用,血液就是这些作用的结果。血液循环是有机个体的生命,血液循环把自身分为两个过程,肺循环和肝循环;肺循环吸收空气中的氧气,吐出二氧化碳,为血液提供氧;肝循环将食物分解为养分和毒素,养分供机体吸收,毒素通过肾脏排出体外。因此,真正的血液循环是三个循环:血液自身的循环、肺循环、肝循环。这也表明应激性中包含着再生性。

动物有机体内部的循环就是血液的循环,血液循环是生命的所在,躯体的所有部分都通过血液获取营养。躯体各部分的中心是心脏系统,躯体各部分的再生与心脏系统有密切关系。这就产生一个问题,心脏是肌肉组织,肌肉组织靠血液才能获得动力,那么究竟是心脏给血液循环以动力,还是血液循环给心脏以动力呢?生理学家这样解释血液的循环,血液由心脏排出,在动脉里受动脉血管的压力推动,在静脉里心脏的排出力已不起作用,只靠静脉的压力在推动,而给予心脏、动脉、静脉动力的又是血液的刺激。这种解释是一种循环论证,无非是说心脏促使血液运动,血液又促使心脏运动。其实血液是一种自身运动,它既是运动的动力,又是运动本身,血液作为整个循环运动的过程,是一种对立的统一。当然,躯体各部分的运动也参与了血液运动,促进了血液的循环。另外,血液在躯体各部分的运动不是等量的,在门静脉和头盖骨内,血液运动较缓慢,在肺部则较快,翘骨动脉每分钟起搏一百次,心脏的搏动只是七十次左右。随着心脏的跳动,动脉血管也有扩张和收缩,可见血液是振动式的循环。

确切地讲,血液并不给器官和机体输送营养,血液只给它们输送生命能量,器官和机体通过这个能量自行吸收营养,这种过程就是同化。低等动物只有细胞组织、腺体、表皮、简单的胶质和管道,它们靠表皮接触外在无机界,也就靠表皮吸收营养。植物的表皮也是消化器官。高等动物有嘴和内在消化系统,包括肝、胆、胰腺、胃、肠道,胃直接起消化作用,肠道把食物分类,把非营养的东西排出,把营养吸收利用。

(三)整体形态

§355

从上一小节的分析可见,感受性、应激性和再生性三个环节是互相渗透的,联结成有机体的形态。形态分为:1.头部、胸部、腹部三个系统,这些系统的末端与外界接触,比如头部的嘴与食物接触,胸部的肺与空气接触,腹部的肠胃与食物接触。2.形态又把自己区分为对内对外两个方向,对外方向本身就有区别,区别为器官和四肢。3.有机体作为整体,又区分出性别,一个有机体与另一个有机体发生关系。

附释:感受性、应激性、再生性三个环节互相联结,形成有机体外部形态。首先,这些环节是彼此分开的,于是感受性的中心在头部,应激性的中心在胸部,再生性的中心在腹部。这些环节既包含内脏和内部功能,也包含手、足、翼、鳍等与外界接触的末端。其次,头部、胸部、腹部每一个都是完整的整体,每一个中都包含神经、血管、血液、骨骼、肌肉、表皮、腺体等,这就造成有机体的交织状态。最后,有机体还有类似灵魂那样的感觉,感觉把所有器官联结在一起。灵魂在人体内就是自我决定。例如:1.嘴属于感受性系统,嘴包括了多种感觉,舌头是味觉器官,牙齿是抓取和撕碎外物的末端,嘴是发音器官,笑、接吻由嘴来完成,嘴也有渴的感觉。眼睛既是视觉器官,但眼睛也流泪。2.感觉还把两个彼此相隔很远的部位联结了起来,比如性的成熟与嗓音的变化,或妊娠期乳房的鼓起,这种联结存在于生物的内部深处。3.感觉让某一部位的活动引起另一部位的反应,比如悲伤引起流泪,甚至主观意志驱使肢体采取行动。这样看来,感觉(灵魂)作为至高无上的东西,支配着各个系统的有机联系和活动。

有机体的外部形态有些是对称的。在感受性系统中,感觉神经与运动神经是对称的,感觉器官的眼睛、耳朵、鼻孔是对称的;在应激性系统中,肌肉和女性乳房是对称的。当然对称也不完全相同,人的右臂比左臂发达,因为心脏在左侧,人总是经常使用右臂以保护左侧心脏。人的两耳听力不尽相同,两眼视力也有差别,甚至人脸双颊也极少完全一样。另一方面,脑、心脏、肺、神经节、再生血管系统、腹肌、肝和胃就都不对称。

在这一小节里,形态首先被看作是静止的,其次被看作是对外的或与他物联系的,这个与他物的联系也包括类属关系,即雌雄两性有机体的关系。

(四)形态形成的过程

§356

动物形态形成的过程,也就是动物生长发育的过程。形态是生命概念的外化,是生命概念自为的过程。动物把自身分化为诸多系统,每个系统既是独立的,又靠其他系统维持自己的运作,所有系统运作的最终目的,就是铸就动物的生命体,维护这个生命体的存在。这个过程产生的结果,就是动物有了自我感觉。

附释:动物像植物一样,通过与外在东西的结合,形成自己的形态。但动物不同于植物,它把自己分化为诸多系统,这些系统就是各种器官,这些器官既独立运作,又回归生命概念,服从于生命概念的总目的,所以动物是内在生命概念与外在器官的统一。具体来说,动物形态的形成过程是,血液把自己降为淋巴,淋巴液变为凝固的东西,分解为肌肉和骨头。形成形态后,每个器官都分泌淋巴液,淋巴液通过脉管回送到血液,每个器官又从淋巴液中吸取养分,动物就是这样维护自己生命体的存在。至于血液循环的动力,在黑格尔看来,心脏不是推动血液循环的唯一动力,血液有自己循环的动力,这个动力可能来自神经系统。

二、同化

§357

作为个体性,动物有了自我感觉,这个自我感觉是排他性的,于是动物把自然界作为自己存在的条件和物质,与之保持一种紧密关系。

附释:动物把自然界看作为它而存在,把自己看作为自己而存在,因此动物首先把外在东西掠为己有,这就是同化过程。这个过程分为:理论过程,实践过程,理论与实践的统一过程。

(一) 理论过程

§ 357a

由于动物有了自我感觉,所以它能直接感受到外在东西的存在,这种感受性把外在东西分成不同的感觉,这种感觉的分类就是理论过程。

附释:动物是内在生命与外在形态的统一,因而有了自我感觉,在自我感觉的基础上,直观到外在东西与自己有别,这个直观就是普遍性感觉。通过感觉,动物设定了他物的存在,意识到自己与他物的不同。由此看来,精神只有作为自我意识,即涉及一个外在对象时,才能意识到自己的存在。

§ 358

理论过程分为:1.机械性感觉,像对重量、内聚性、热的感觉,这是感觉本身,即触觉;2.对立性感觉,它指嗅觉和味觉,嗅觉是对气味的感觉,味觉是对液体的感觉;3.观念性感觉,它指视觉和听觉,视觉是感知空间中的东西,也就是对光(颜色)的感觉;听觉是感知时间中的东西,也就是对声音的感觉。

说明:机械性感觉、对立性感觉、观念性感觉三个概念,现在变成五种感觉,即触觉、嗅觉、味觉、视觉、听觉,动物把自然界分解为五个环节,又能通过自己的主观统一性,把这五个环节统一起来,达到对自然界的认识。

附释:意识到物体的存在,这是感觉。首先是感觉本身,即机械性感觉或触觉。这种感觉只是意识到有一个对象,意识到我是存在,对象也是自为存在。在这种感觉中,只有对象的模糊印象,只感知到对象有重量,继而感知到对象是柔软,是坚硬,是弹性、表面是平滑或粗糙,也就是说,只是感知到对象的外形和热,尚未得到对象的规定性。

对立性感觉是嗅觉和味觉。如果说感觉本身是对物体定在的感觉,那么嗅觉和味觉就是实践的感觉,即要把对象作为对立物引入体内,所以称为对立性感觉。嗅觉器官是鼻子,是表皮同空气的接触;味觉器官是舌头,是表皮同食物的接触,然后通过嘴把食物送入体内,让食物同胃肠的表皮接触。

观念性感觉是视觉和听觉。视觉是对存在于空间中的东西的感知,听觉是对存在于时间中的东西的感知,视觉和听觉都是把感知对象送入大脑,因为时间和空间都是观念性的东西,所以称为观念性感觉。

(二) 实践过程

§359

动物与自然界的关系就是实践关系。诚然,实践关系是从动物的缺乏感开始的,动物感到自己缺乏食物和巢穴,所以要掠食和筑巢,但这只是确立了动物与自然界的对立关系。动物真正的概念,是认识到自己是主体,自然界是客体,主体与客体互相否定,但它确信自己能战胜客体,这是主体与客体的统一。

说明:只有生命体才有缺乏感,这种缺乏感造成生命体与自然界的界限或区别。但动物的概念,是主体与客体的统一。动物知道自己是有限的,知道自己缺乏什么,并能弥补自己的缺乏,这就扬弃了自己的有限性,达到了无限性。缺乏思想的人停留在有限上,只看到动物的冲动、本能、需求,看不到这背后是生命概念在起作用。

对动物有机体,必须是概念性的理解。生命的概念就是维系生命的存在,因此动物必然要掠取食物和构筑巢穴,这就是主体与客体的统一。以往知性思维对动物的研究,只看到动物与自然界的差别,把自然界对动物的刺激只做数量上的分析,这种研究没有哲学意义。另外,有人用氮、氧、氢直接替代生命概念,把动物间的差别规定为这个成分多一点,那个成分少一点,这种化学分析对死的动物可以,对活的动物行不通,同样没有哲学意义。不能从概念来理解生命有机体,就会产生形式主义。

附释:诚然,动物要从自然界掠食和构筑巢穴,这是对自然界的依赖,所以动物这个主体是缺乏自由的。但是,既然动物有这样的需求,动物又自己满足这种需求,那么它生命中的缺陷也就得到了扬弃。对动物有机体的理解,谢林、奥坚、特罗克斯勒等都陷入了形式主义,因为他们没有从概念来理解生命有机体。

§360

对食物和巢穴的需求,是动物生命概念中的一个环节,冲动是满足需求的主观性活动。由于生命概念就是维持自己的存在,动物只有通过这种活动才能维持自己生命的存在,所以冲动就是符合目的,符合目的就是动物的本能。动物生命概念中本不包含食物和巢穴,这种缺乏感会产生一种内部兴奋,内部兴奋的内容表现为掠食和筑巢。

说明:生命概念就是内在目的,生命过程就是按照内在目的进行的活动。亚里士多德早就提出了这个基本定义,但被知性思维遗忘殆尽,直到康德才又恢复了内在目的这个概念。知性思维往往把目的想象成外在的,认为目的活动仅仅是有意识而为的,其实本能是一种以无意识的方式发生的目的活动。

　　附释:冲动既然通过行动来满足需求,冲动就是本能的表现,因为这是一种合目的的选择。但这种冲动在动物并不是有意识而为的行动,动物还不知道它的目的就是目的,亚里士多德把这种无意识的合目的行动叫作天赋,也就是本能。

§ 361

　　动物的本能是一种内部兴奋,比如睡眠、苏醒、迁徙等。本能是特定的动物与特定的自然界的关系。动物的本能对自然界的实践关系,是内部兴奋和外部刺激的结合,表现为形式的同化(筑巢)和现实的同化(掠食)。

　　附释:动物的内部兴奋,就是睡眠、苏醒、迁徙。动物能感受到自然界的变化,比如昼夜的变化,四季的变化。动物的睡眠、苏醒、迁徙就是与自然界这些变化的共生现象。

　　特定的动物把特定的自然界作为它的掠食对象。低等动物只以水为对象,食草动物只以草和谷物为对象,而且还必须是特定的草或谷物,老鹰以兔子为对象,狮子以鹿为对象,非特定的对象它们是无视的,狮子不会去吃草,牛羊也不吃兔子,所以说特定的动物只能被特定的食物所刺激。动物不能认识全部的他物,只能认识它的他物,比如猫抓老鼠,狗对老鼠就没兴趣,这就是说,每种动物在它的本性中有特定的食物对象。

§ 362

　　形式的同化就是修筑巢穴,就是将它的目的赋予自然材料。现实的同化就是掠食,消耗自然界,具体来说就是同气、水、土发生关系,同气的关系是呼吸,同水的关系是喝水,食物来自土地,同土的关系就是进食。生命就是呼吸、喝水、进食这些需求环节的主体,生命概念在自身内建立起这些需求,又自己满足这些需求。动物只能按照生命概念的规定性生存,不断地满足需求,又不断地产生需求,所以动物是不自由的。

附释:动物自己给自己规定了休息、睡眠、产仔的场所,所以它要修筑巢穴,这是动物的实践活动,是形式的同化。现实的同化是动物与自然元素的关系。气也是光,动物同光的关系只是观念性的,即通过视觉感知他物和自我。光对鸟类的羽毛颜色,对黑人的黑发,对动物的血液,对鱼类和贝壳的颜色都有决定性的影响。动物与气和水的关系就是实质性的。呼吸引起血液成分的变化,吸取氧气吐出二氧化碳,所以动脉富含氧分,静脉充满二氧化碳。鱼靠鳃从水中吸收氧气,昆虫靠腹部两边的小孔吸收氧气。水对动物还起到一种中和作用,一方面抵消机体的热,一方面冲淡食物的味道,所以动物要喝水。

§ 363

同化过程的开始是机械性地掠取外在对象,但同化本身则是把外在对象转化为自己,是自己与外在对象的统一。动物是主体,是对外在对象的否定,那么这种同化就既不是机械性的,也不是化学性的,因为在机械性和化学性过程中,物体仍然是彼此外在的,缺乏有机的统一。

附释:动物有自己的武装,它从骨头演化出牙齿,从皮肤演化出爪子。使用爪子和牙齿还只是机械性的捕获食物对象,但从唾液开始就使这过程转化为有机过程。动物同化食物的过程不能解释为机械过程,因为机械过程是简单的复合,也不能解释为化学过程,因为通过化学的中和,酸和碱都丧失了自己,但在同化过程中,动物这个主体保存了自己。

§364

动物是支配自然界的普遍力量,因此同化首先是进入体内的东西与生命力的直接融合,是进入体内东西被生命力所感化,出现单纯的转化,比如空气和水。其次,同化作为中介活动,构成消化过程,消化过程是主体与食物相对立的过程,是食物进一步被分解成液态物质和燃烧态物质的过程,液态物质指胃液、胰液、淋巴液等体液,燃烧态物质是指通过胆汁被造成的流汁回复到有机体自身,成为有机体的能量。这些过程都是被生命力感化的过程。

§365

对动物来讲,进入体内的食物还是外在性的,因此食物就是有机体的对象,是对有机体的否定,而有机体就是要克服和消化这个否定对象。因此同化就是双重活动:一方面动物要消化食物,这是动物同食物的冲突;一方面作为自为的动物有机体,又要吸收食物来再生自己,这是动物同食物的融合。

说明:动物消化食物是一种直接转化,斯巴兰让尼的研究和生理学以经验事实证明了这种直接性。动物有机体不是通过中介,而是直接接触营养物,直接吸收为自己的生命力。他们的研究推翻了有机体通过机械和化学的中介过程来消化吸收的观念,以经验事实表明,营养物在胃里直接转化为流汁,流汁被内脏器官制造成淋巴液注入血管,再被机体各部门吸收。低等动物是这样直接的转化和吸收,高等动物虽有一个中介的消化过程,但这个过程无非是分离营养物质和无用物质,将无用物质以粪便的形式排泄出来。

因此,作为自为存在的生命概念,动物有机体的同化是一种分离活动,食物一方面被分离为无用物质排出体外,一方面被分离为营养物质,被有机体吸收利用,因而动物有机体就是生命概念与食物的同一。动物有机体制造的产物就是有机体自身,由此可见,动物有机体满足自己的欲望是合理的。动物把食物变为有机体的自我,这个过程并非单纯的手段,而是目的,因此有机生命是内在合目的性。

附释:动物有机体与自然界的同一,就是有机体吸收营养的过程。动物吸收营养,就是把自然界转化为自己的肉体,从这个角度看,自然界就是动物有机体潜在地所是的东西。因此如果说动物有机体是实体,那么自然界就是它的偶性,动物可以直接把自然界变为它自己。很多素食民族只吃植物,他们能吸收植物蛋白,把植物蛋白制造成适合自己器官肌肉的营养物,排出其余部分。这种直接的转化,证明了用化学和机械过程来解释有机体消化吸收的破产。化学过程可以将盐分析为两种成分,这两种成分在盐里依然存在,但在动物有机体与食物的同一里,食物变成了别的东西,因此动物有机体的消化吸收过程不能用化学过程来解释。

动物有机体的同化是这样的,食物进入有机体后被制造成营养液,有机体把这种营养液直接吸收到自己机体的各部门。低等动物没有胃、胆这样的器官,它们靠表皮直接从水中吸收营养。比如水螅只有一根肠腔,肠腔其实就是表皮,只不过藏在体内,水螅就是靠这种表皮直接消化吸收食物的。较发达的动物也有这种直接消化的现象。比如鸟能直接吸收湿气,人在没有淡水的情况下,把身体泡在海水中,这时皮肤能直接吸收水分而不是盐。哺乳动物的胃和肠本身无非是外部表皮,它们的吸收功能也是表皮的吸收。有些药涂在表皮能止痛,这表明表皮具有吸收功能。

动物的消化是靠体内液体的溶解作用，还是靠胃肌的粉碎作用完成的？斯巴兰让尼做过一个实验，他把装有饲料的小金属管塞进火鸡的胃里，小金属管有细孔，使火鸡的消化液可与饲料接触，又避免了胃对饲料的挤压，结果饲料没能被溶解，因而他得出结论，消化是由胃内壁的强烈挤压完成的，而液体在体内只能短时逗留。这个实验证明了有机体有直接消化食物的功能。至于另一种经过中介的消化，只在部分高级动物中出现。因此消化的过程在于，消化最后形成流汁，有机体把这种流汁转化为淋巴液，通过血液循环把这种营养液输送给机体各部门吸收。动物有机体一方面要与食物对抗，一方面又要使自己同食物同一，吸收食物的养分以使自己再生。

动物有机体的概念，不仅有同一也有分化，分化包括两种情况：一是从体内排斥无用的东西，这是排泄；另一是分化出一种外在的东西，这是繁殖后代，这种分化也是同一，是动物发展的最后阶段。因此分化就有三种形式：抽象的形式的排斥，发育的冲动，类属的繁殖。抽象的形式的排斥就是排泄，排泄通常被理解为把无用的东西排出体内，在动物或人类的粪便中，会发现他们不需要的或过多的东西，这表明动物有机体的活动是合乎目的的选择活动。动物有个有趣的现象，大部分动物的生殖器官和排泄器官是一个器官，也就是说，动物组织的最高级的东西和最低级的东西紧密相联，这就表明繁殖后代也是一种排斥。

（三）发育冲动

布鲁门巴赫认为发育冲动主要指繁殖，但在这里不能这么理解，动物的发育还是一种同化过程。动物在发育中有一种艺术行为，称之为艺术冲动。艺术冲动的最初形式是筑巢穴，这是为了把栖息环境弄得更舒服些，其次是迁徙活动和储备冬粮，这是对气候变化的感觉。动物会保护它们的巢穴，这是植物不具备的。艺术冲动的另一方面是许多动物会自备武器,例如蜘蛛吐丝织网,动物长出爪,水螅的触手,这些是用以发现和捕捉食物的。木纹蛾受到刺激时会喷出液汁,蜜蜂的尾刺能传导毒液,这些是抵御外敌的。昆虫的这些脉管也是生殖器官,它们靠这个脉管交配。有些昆虫没有生殖功能,工蜂对种群繁殖的贡献就是构筑蜂房和分泌蜂蜜,这是它们的艺术品。另外,动物的发声也属于艺术冲动,直接目的是自我享受。

艺术冲动是把内在目的赋予外在形态,所以也属于同化领域。合目的性是动物概念中预设的东西,艺术冲动就是达到目的的手段。艺术冲动是动物生命概念的自我外化,是把自己的主观需求铸造成形,因此这是理论过程与实践过程的统一。

§ 366

通过与自然界的同化,动物的生命概念现在成为了客观存在,成为了单一的个体。个体是通过自我产生、自我保存、自我再生形成的,与此同时,动物的生命概念也扬弃了单纯的自我产生、自我保存、自我再生,进入到类属。类属就是动物的种群观念,单一个体的动物是个体性,种群观念的类属是普遍性,类属是动物个体性与个体性相互作用的过程。

附释:类属就是种群的普遍性。个体性动物形成了,现在它的缺乏感转为对类属的缺乏感,这是一种积极的缺乏感,即繁衍后代的欲望。

三、类属过程

§ 367

个体是个别的生命体,类属则是个别生命体的同一,是普遍的生命体。类属的构成靠个别生命体的繁衍后代,以及个别生命体的死亡。

附释:有机体意识到自己生命的存在,它就是一个个体,扬弃个别生命体的个体性,统一为一个普遍生命,这就是类属。类属的过程分为三种形式:1.性别关系,这是繁衍后代;2.把自己区分为各个物种;3.疾病和死亡。

(一) 性别关系

§368

类属概念是同一性概念,动物分为雄性个体和雌性个体后,个体作为个别的东西,是不符合类属概念的,因而动物产生了对类属的缺乏感,缺乏感促使动物产生冲动,冲动促使它要与异性交配,繁衍后代。

附释:低等动物是雌雄同体,也就是说,雄性器官和雌性器官同一地存在于一个个体中,在它们的生命过程中,有时是雄性作为本质性,有时是雌性作为本质性,雄性的本质是主动的主观性,雌雄的本质是被动的物质性。随着动物的进化,产生雌雄分体,有了性别之差,但这种雌雄同体的同一性依然遗留在动物体内。根据德国解剖学家阿凯而曼的研究,在雄性动物体内,子宫退化为前列腺,在雌性动物体内,睾丸退化为卵巢。因此生殖并不是单纯的精子与卵子的结合,而是对雌雄一体同一性的回归。动物分为雄性个体和雌性个体后,失去了雌雄一体的同一性,为了扬弃这种差别,回归这种同一性,所以动物要交配,因为个体性不符合类属概念。

§369

交配产生的产物,既是父体母体的同一性,又是对父体母体的否定,它作为生成的类属,暂时是无性的生命。这个产物与父体母体不同,是一个第三者,但同时又是父体母体结合的产物,父体母体的差别在这个第三者中达到了同一。但这个产物也是一个个体,它的使命就是要发育成雄性或雌性个体。这样,繁殖的过程就达到无限进展的过程,个体在交配过程中完成了自己的使命而走向死亡,类属则通过个体的死亡而保持了自己。

附释:动物通过交配产生后代,父母体死亡,后代成长为新的父母体,又交配产生后代,自己又死亡,这个循环产生一种普遍的东西,这就是类属,而类属就意味着个体的死亡。低等动物一般交配后就死亡,高等动物在交配后会存活一段时间,它们的死亡作为疾病过程,将在下面加以考察。从这个循环来看,类属这个普遍性是通过对个体性的否定而保持自己的存在的,但动物的类属只是自在的存在,只有在精神里,类属才是永恒的、自在又自为地存在。在理念中,类属将向精神过渡,这个过渡意味着自然界发展的结束。

(二)类属和物种

§ 370

这一小节主要讲动物的等级分类。动物的分类有两种原则,一种是与人类这个原型相比较,来决定动物的等级分类,因为人类是最完善最高级的动物;一种是看动物与自然元素的关系,来决定动物的等级分类。动物系列从低级到最高级排列,不同等级的动物之间是敌对关系,高级动物出于自为的目的,将低级动物作为自己的食物,因此死亡就是动物有机体的必然命运。

说明:动物等级分类是亚里士多德创立的,他以有无脊柱为分类的基准,这是符合概念的方法,可惜后来被人们遗弃了,直到法国动物学家拉马克,才又回到了亚里士多德的分类法。

动物等级的分类，一方面要看自然元素对动物习性的影响程度，一方面要以人类这个最完善的基本原型为基准。

生命概念也要服从外在自然界的条件，动物的生命过程与自然界的变化是并行的，因此动物生命就是健康与疾病的交替。外在自然界对生命来说几乎全是异己的东西，它使动物感到危险、恐惧和不幸，最终给生命带来死亡。

附释：以往给动物分类，就是找出一个共同环节，把各个具体的动物归结到这个环节，也就是说，找出一种单纯感性的外部规定性作为某类动物的共同环节，但这样的规定性是不存在的。例如，问鱼的规定性是什么，答案是鱼在水中游，但这样的回答是不能令人满意的，因为许多陆地动物也能在水中游，何况游泳只是鱼的一种活动方式。再如，某些两栖动物是胎生的，也像哺乳动物那样有肺，却没有乳房，心脏只有一个心室，它们也像鱼一样会游泳，对这种动物你如何找出共同环节呢？

在自然界，动物的生理结构是由外部条件造成的，这就是说，动物的纲目种属是受自然环境支配的。另一方面，世界上只有一个动物原型，这就是人类，人类是最完善最高级的动物有机体，只有通过与人类这个原型比较，我们才能认识动物（详见§352附释）。因此，我们就有两种动物分类的原则，一种是动物与自然元素的关系，另一种是动物的等级分类与人类的比较关系。此外，动物种类的区别与气候也相关，北半球大陆相连，因而北半球的动植物比较相似，南半球大陆分隔开，因而南半球的动物种类比北半球要多。

关于动物的等级分类与人类的比较关系。人类是最完善最高级的有机体，人类这个有机体是动物有机体的尺度和原型，只有以人类为准则，才能认识动物有机体。人类的生命概念就是他的内在目的，内在目的决定内脏器官，同时又渗透到所有外在部分，因此人类的内脏器官与外在部分是分离的，同时两者又相互和谐。作为分类标准，这种分离趋势越明显，动物的等级就越高级、越发达。根据法国科学家居维叶的研究，动物有机体是一个整体，通过内外两部分的交互作用，促成它的生命目的。所以食肉动物的颌骨必须适应于吞咽猎物，指爪必须适应于捕捉和撕碎猎物，牙齿必须适应于咬断和嚼烂生肉，运动系统必须善于追踪奔跑，它的皮毛必须能掩蔽自己。这就是外在部分符合内在目的，是内在器官与外在部分的相互和谐。这种和谐还体现在另一种内外联系，食草动物没有抓捕猎物的指爪，所以它必须吃草，它的牙齿是平面的，以粉碎青草和谷物，它需要有较复杂的消化系统，所以有反刍的胃。当然，我们不能认为动物身上的一切都是合乎目的的，比如爬行动物的蛇和某些鱼身上也会有脚的萌芽，它们完全没有意义。通过与人类的比较，食肉动物比食草动物更接近于人类，所以食肉动物比食草动物更高级。

关于动物等级与自然元素的关系。最初的动物等级分类是亚里士多德创立的，他把动物分为脊柱动物和无脊柱动物，这是非常重要的划分，可惜后来被人们遗弃了，直到法国动物学家拉马克，才又回到了亚里士多德的分类法。脊柱的结构和它周围的交感神经，为动物的内脏和外在部分提供了和谐，因此脊椎动物比无脊椎动物等级要高。根据这个分类原则，我们就能发现，无脊椎动物与自然元素即水、气、土的关系不那么密切，而脊椎动物与自然元素的关系就要密切得多，与自然元素的密切程度，也是动物分等级的依据。无脊椎的蠕虫、软体动物、贝壳类，它们的内部比较发达，但外部不发达，它们生活在水中，是最低等的动物。昆虫这种无脊椎动物的运动系统较软体动物发达，它们生活在空气中，它们比软体动物高一等级。脊椎动物中，鱼是水生动物，靠鳃呼吸，鱼的内脏和外在部分是分离的，但鱼产仔后就脱离同它们的关系,鱼作为脊椎动物比昆虫高一等级。爬行动物和两栖动物是部分属于土,部分属于水的中间状态,它们有心脏和一种不完善的肺,它们比鱼高一等级。鸟类生活在空气中,对自己的雏鸟有感觉,用食物喂养雏鸟,鸟类会筑巢,这就达到了自我感觉,因此鸟类比爬行动物和两栖动物要高一等级。哺乳动物有乳房,用乳汁哺养后代,分出四肢,所有器官都处于发达状态,哺乳动物总体要比鸟类高一等级。由此可见,动物等级的分类,水生动物处于最底端,空中动物在中端,陆地动物在最高端,这就是动物等级与自然元素的关系。但哺乳动物中也有等级之分,哺乳动物可分为:有手动物,如人和猿猴;有爪动物,如狮子老虎等食肉动物;有蹄动物,如牛羊猪等食草动物;有鳍动物,如鲸鱼。有鳍动物是哺乳动物中最不完善的;比它高一等级的是有蹄动物,它们的脚只能用来行走,没有指爪不能抓捕动物;比有蹄类高一等级的是有爪动物,这类动物的内外组织是完善的,能主动抓捕动物;最高等级的是有手动物。

(三) 类属和个体

1. 个体的疾病

§371

通过交配过程和同化过程,产生了人类和个别的人,人类是类属,个别的人是个体。人以外在自然界为食物,所以个体内就有对自己的否定,即疾病和死亡。当身体受到外来伤害,或某一系统与整体生命力相对立,从而阻碍了生命力在全身的流通,就是疾病状态。

附释:个体的人自身内包含对自己的否定,这就是疾病和死亡。健康是有机体的生命力与躯体的平衡,生命力作为普遍性在全身流通,疾病就是这种流通受到阻碍,肌体的某部分与生命力相对立,平衡遭到破坏。疾病的原因,一部分在于有机体自身,如年龄、死亡基因、先天缺陷等,一部分则在于受到外界的影响,以致有机体的某个系统与整体生命力相对立,这种情况就是内在应激性与外在刺激的失衡,应激性不足以对抗外在刺激。

类属的概念是繁衍后代,因此有些动物在交配后就自行死亡,有些动物在交配后还能存活一段时间,但终究无法逃脱类属的力量。疾病与之不同,机体健康时,生命力贯通全身,一旦生病,机体的某部分就不听生命力的指挥,单独行动起来。比如胆负担过重,会生出胆结石,胃负担过重,消化系统就与整体生命力分离,以自己为活动中心,反制整体生命力。

疾病的具体原因有几种:1.由外部环境造成的人先天基因的缺陷。人所处的外在环境都包含着有害因素,人生活在外在环境中,不可能不受其影响,这种影响潜伏在人体中,成为疾病的诱发因素。另外,环境的改变也会导致人生病,比如健康的俄国战俘到德国后就得了斑疹伤寒,这不能说是因为健康肌体受到了感染,而是环境的改变诱发了潜伏在他们体内的病原。2.由外部引起的伤害,这是接触性的疾病,分为急性和慢性两种。对急性病的治疗,可让他全身发病,触发肌体的能动性,使体液走遍全身,这种体液有治愈作用,可使疾病康复。慢性病则由于肌体的某个系统脱离了整体生命力的控制,这种疾病比较难以治愈。3.整体生命力遭破坏,这是精神病,是由惊恐、悲伤引起的,也会导致死亡。

德国医学家歌戴反对黑格尔的疾病理论,他认为疾病是器官与人的本质相冲突。黑格尔反驳说,人的本质是什么?不就是生命力吗?说器官与人的本质相冲突,其实就是肌体某部分与生命力相冲突。

§372

疾病的特殊显现就是发烧,发烧的过程是通过肌体的感受性、应激性和再生性实现的。发烧作为整体生命力的活动,也同样是治愈的尝试和开端。

附释:1.疾病的第一阶段是潜伏的,没有不适的感觉。2.疾病的第二阶段是肌体某部分与生命力相对立,肌体某部分以自己为中心,反制整体生命力。这时感受性使肌体感到不适,应激性将开始它的活动。3.第三阶段是疾病转移到全身,全身受到感染。这时应激性以发烧的形式出现,这是以整体生命力对付疾病。发烧虽然是疾病的表现,同时也是有机体自己治愈自己的方式。但长期的低烧是慢性病的症候,是比较危险的。发烧最初是身体发冷、头痛、背部酸痛、肌肉痉挛和打颤,这是神经系统的感受性。其次是生命力构成对疾病的否定力量,全身发热,这是应激性在起作用。最后是出汗,这是肌体的排泄,把异常的东西从体内排出,解脱自己的病态。这是再生性起的作用。发烧对有机体有一种积极作用,既是疾病的表现,也是疾病的康复。

2.治疗

§373

药物进入体内,消除了肌体内某部分的单独兴奋,恢复了生命力在全身的流动性。药物是一种刺激,它难以被有机体同化,有机体遇到这种外来物,不得不竭尽全力对付它,在对付的过程中,有机体恢复了自己整体的同一性即生命力,因而某部分的单独兴奋即疾病被消除。

说明:药物进入体内,被有机体看作异己的不易被消化吸收的东西,正因如此,药物对有机体是一种否定的刺激,它刺激有机体集中精力对付它,因而提振了生命力这股正气。按照英国医学家布朗的体系,健康依赖体内刺激和兴奋的平衡,这种平衡被打破,人就会生病。因而疾病的性质被区分为亢进和虚弱,虚弱又被归结为直接和间接两种,药物的作用就是强化和弱化这两者,两者的差异又被归结为碳和氮、碳和氢,或磁、电和化学因素,这完全是空洞的形式主义。不过它也有助于扩大人们对疾病和药物的看法,认识到两者间本质的东西,表明了生命的自我同一性是对疾病的真正有效的治疗。

　　附释:治疗疾病的实质在于有机体要摆脱与外来东西的纠缠,因此有各种不同的方式:1.药物对有机体来说是一种异己的东西,它迫使有机体提振自己的正气即生命力来对付异己,与此同时也对付了疾病。这是强化疗法。2.药物有一种消极的刺激作用,抑制有机体的活动,这同时也抑制了某部分单独的兴奋,消除了疾病。通常的放血,饥饿疗法等就属于这种弱化疗法。3.催眠疗法,这是使有机体集中于自己的单纯状态,从而达到对生命力的感觉,以治愈疾病。

§ 374

　　疾病是有机体内部某个系统与整体生命力的对抗,是一种个别性的失衡,但生命概念中还有一种失衡,这是普遍性的失衡,这就是死亡,生命概念中本身就包含着死亡,有生必有死。所以,普遍性的失衡对生命是一种否定的力量,它导致生命体的死亡。

　　附释:动物在交配后的自行死亡,就是动物类属概念的必然性。疾病会引起有机体的死亡,但疾病是可以克服的,然而个体生命不可能战胜类属概念。类属概念既是延续种群,也是对个体生命的否定和扬弃,这就是死亡。一般来说,老死是一种生命力的衰竭，是生命力作为质的终结，而疾病不是死亡的本质原因，生命力衰竭才是真正的疾病。

§ 375

生命概念是普遍性，是类属概念，但个别的动物只是个体性，是有限的生命，所以生命在个体性动物身上只是一种抽象的过客。动物的生命中原本就潜伏着疾病和死亡的种子，这就是生命概念中存在的矛盾，因此每个个体的动物都是向死而生。由于生命中原本潜伏着疾病和死亡的种子，所以个体性动物会逐渐变得老化，最终走向死亡。

附释：有机体固然可以从疾病中恢复健康，但因为有机体中原本就潜伏着疾病和死亡的种子，也就是潜伏着解体的必然性，在这种解体中，感受性、应激性和再生性已没有能力再回归到生命，于是有机体走向死亡。有些雄性动物在交配完成后就死亡，这是因为类属概念作为它们的使命已完成。在自然界里，普遍性是对个体性的否定，换句话说，类属概念是对个别动物的否定，动物虽能有限地维持自己的生命，但完成繁衍后代的使命后，它就必然走向死亡。

§ 376

在生命的理念中，生命是概念，个体性动物是现实的存在，个体性动物的繁衍后代和死亡建立了类属，类属使个体性和普遍性达到了统一。在自然界中，最高级的有机体是人，唯有人能有概念意识，任何有机体都是要死亡的，而概念才是普遍的、永恒的，这就从自然界过渡到精神。

附释：死亡是对个别生命的扬弃，从而构成了类属，类属是普遍性概念。当人有了类属概念，人就有了意识，于是人开始从自然事物向精神的过渡，这表明精神是从自然界发展出来的。从时间上看，自然界的确是先于精神，但从逻辑上看，自然界是由精神外化出来的，因而精神先于自然界。自然界的各种形态是精神即概念的外在形态，自然界是概念的外化，于是我们便要对精神进行考察，也就是要认识上帝。因此便要进入哲学全书的第三部分——精神哲学。